Hermann-Joseph Löhr

Ein Stück Himmel aus Stein – Band II

Fotos: Heinz Werner Lamberz

**Ein Führer durch
51 der schönsten
Pfarrkirchen
zwischen Sieg,
Wied und dem
unteren Mittelrhein.**

Herausgeber:
Verlag Media World GmbH,
53567 Asbach

Autor:
Hermann-Joseph Löhr,
53547 Breitscheid-Hochscheid

Fotonachweis:
Creativ Picture, Heinz-Werner Lamberz,
53619 Rheinbreitbach

Gestaltung/Layout:
freilicht-de.sign, Sonja Cochem-Bellinghausen,
53639 Königswinter

Gesamtherstellung:
Bert & Jörg Rahm Drucktechnik,
53567 Asbach

ISBN 978-3-9813291-1-7
1. Auflage

Inhalt – Vorwort – Geleit

Und nun,
treten Sie ein ...
... in ein „Stück Himmel aus Stein“!

Vorwort

„Ein Stück Himmel aus Stein" – Band II

Die Region Rhein-Wied-Sieg ist eine einzigartige Region in Deutschland, die im Laufe der Geschichte stets begehrt wurde, als Wohn- und Arbeitsstätte, als Erlebnis- oder als Rückzugsraum. Menschen haben die Schönheiten der Natur aufgegriffen, gestaltet und geprägt. Diese Region beherbergte stets blühende christliche Gemeinden, denn das Christentum war an Rhein, Sieg und Wied schon früh verbreitet. Weit über 200 Klöster, Pfarrkirchen und Kapellen lassen sich zählen, die vielen kleinen Kapellchen am Wegesrand, auf Friedhöfen, in Krankenhäusern oder Seniorenstiften nicht mitgerechnet. Durch die fränkische Landnahme ab 500 n. Chr. von Westen nach Osten und der gleichzeitigen, vom Staat ausgehenden Christianisierung der Bevölkerung wurden anfangs weit entfernt liegenden Klöstern wie St. Nivelles, Prüm oder Kyllburg, später regionalen Stiften aus Köln, Bonn oder Koblenz, den Abteien aus Siegburg, Rommersdorf oder Heisterbach die Weinberge, Wiesen, Äcker und Wälder, die Steinbrüche oder Erzgruben in unserer Region als Pfründe überlassen. Selbst fernab liegende Kirchen wie Bamberg und Fulda wurden am Rhein begütert. Das Buch führt auch zu den frühen Spuren des Protestantismus in Oberhonnefeld, Altwied, Schöneberg (Altenkirchen) oder Kircheib.

Wer sich für Baustile und ihre Zeit interessiert, besucht Kirchen der Backsteingotik. Oder klassizistische Kirchen. Vielleicht interessieren Sie sich für die Romanik oder opulenten Barock, den die Gotteshäuser in Unkel oder Leutesdorf vermitteln. Die Linzer St. Martinkirche weist mit die eindrucksvollsten Fresken in ganz Deutschland innerhalb der frühen Kirchen am Jakobsweg auf. Wallfahrtsstätten, Kultur- und Kunstdenkmäler internationalen Ranges stellt das Buch vor.

Drei Bände sind entstanden. Jeder Kirche wurde ein Steckbrief als Wegweiser zugeordnet. Band I erzählt von über 30 der schönsten Wallfahrtskirchen zwischen Bödingen (Hennef), der ältesten deutschen Marienwallfahrtsstätte, von Pützchens Markt bis hin nach Almersbach und Isenburg. Band II stellt 51 der schönsten Pfarrkirchen zwischen Sieg, Wied und am unteren Mittelrhein von Neuwied bis Schwarzrheindorf vor.

Reichskanzler Arnold, Graf zu Wied krönte als Kölner Erzbischof am 09. März 1152 Barbarossa in Aachen zum deutschen König. Der wiedische Graf war zugleich dreifacher Dompropst mit reichen Einkünften. Er stiftete in Schwarzrheindorf die als „Sixtinische Kapelle des Nordens" genannte Doppelkirche von Schwarzrheindorf, die Besucher aus der ganzen Welt anlockt. Die Propsteikirche in Oberpleis besitzt ein weltweit einmaliges Kosmosbild aus dem Mittelalter als Kirchenfußboden. Die Schatzkammer der Siegburger Stadtkirche stellt den nahezu 1000-Jahre alten, originalen Bischofsstab des einstigen deutschen Staatsumstürzlers und heilig gesprochenen Kölner Erzbischofs Anno II. vor. Die Kirche von Stadt Blankenberg besitzt Katharinen-Fresken aus dem frühen 13. Jh. Graf Heinrich von Sayn war im 13.Jh. auf dem Berg Sinai im heute noch existierenden St. Katharinenkloster. In Blankenberg ließ er danach Fresken der Katharinenlegende in seine Kirche malen. „Ein Stück Himmel aus Stein" wurde als Titel gewählt, weil die frühen mittelalterlichen Wand- und Deckengemälde in eine Welt führten, die wir uns als Himmel vorstellen. Die Ausmalungen waren nicht nur Schmuck, sondern auch Verständnishilfen für die Leseunkundigen. Sie waren Bilderbuch, Comic, Fernsehen oder Kino für die Menschen des Mittelalters. Die allerwenigsten Menschen konnten lesen, es gab keine öffentlich zugängliche Schulen. Die Künstler mussten die von der Kirche gewünschten Bilder den Besuchern vermitteln. Im Buch wurden bei den einzelnen Kirchen immer auch ein „Stückchen Geschichte" erzählt, das für alle anderen Kirchen zugleich mit gilt. Die Reformation wird nicht bei jeder protestantischen Kirche immer wieder neu erläutert, ebenso wenig wie der Zehnt erhoben wurde oder warum die Klöster so genannte „Eigenkirchen" auf ihren Fronhöfen bauten.

Treten Sie ein, lassen Sie Texte und Fotografien auf sich wirken.

Dank sagen will ich allen, die mich unterstützten, zu allererst meiner geliebten Frau Anne, Herrn Generalsuperior Bruder Ulrich für die Freigabe seiner Ansprache bei der Buchvorstellung des Ersten Buches als Geleitwort für diesen Band, den Archiven in Rommersdorf oder Linz für die Hilfestellung, dem Kolumba-Museum Köln, dem Rheinischen Landesmuseum in Bonn, der Landesarchäologie Koblenz, Hans-Werner Bronk für die Bilder aus dem Sinai, den Fotografen der Koblenzer Rhein-Zeitung für Bilder der Ohlenberger Glockenweihe, den Pfarrämtern und Pfarrern vieler Kirchen, die die Türen auch zu ungewöhnlichen Zeiten öffneten, die zusätzliches Material heraussuchten oder Tipps gaben. Nicht zuletzt gilt der Dank Sonja Cochem-Bellinghausen für die herausragende grafische Umsetzung, der Druckerei Rahm für die Ausstattung des Buches, Heinz-Werner Lamberz fürs gelungene fotografieren, nicht nur im oft dunklen Kircheninneren sowie Herrn Verleger Dr. Jürgen Mertens für die Herausgabe des Buches.

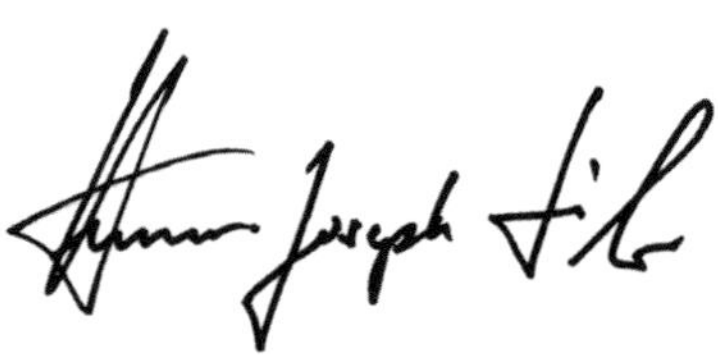

Hermann-Joseph Löhr,
im Februar 2010

Geleit

„Wir werden tief berührt vom Geheimnis der Nähe Gottes!" Bruder Ulrich, Generalsuperior des Franziskanerordens[1] zur Vorstellung des Buches:

Dem Autor möchte ich zu diesem wundervollen Buch, welches in herrlichen Bildern und erläuternden Texten, an Historie, Baukunst und Glaubenswahrheit heranführt und diese näher bringt, herzlich gratulieren.

Pilgerstätten, Pfarrkirchen und Kapellengeheimnisse sind für uns Christen nicht nur Zeugen unserer Geschichte, sondern immer auch Verkündigung und Hinweis auf Gottes Sein im Leben der Menschen. Gegründet und gebaut sind sie, mögen sie auch noch so klein sein, auf und aus der Gottessehnsucht und Gotteserfahrung ganz konkreter Menschen. Sie sind wie eine Einladung einzutreten und zu verweilen. Sie sind, wie Sie es schreiben „ein Stück Himmel aus Stein" (ein erster Deutungsversuch des Titels).

In solchen „Gottesräumen", wie sie hier dargestellt sind, werden wir tief berührt vom Geheimnis der Nähe Gottes und zum eigentlichen Sein und Sinn unseres Daseins geführt. Im wahrsten Sinne des Wortes geschieht Be-Sinnung unseres Lebens.

Schauen wir im Alten Testament (AT), auf Moses und, wie mag es einem Franziskaner näher sein, auch auf Franziskus v. Assisi. Beide hatten wegweisende Gottesbegegnungen besonderer Art und Bedeutung. So ist vielen von uns die geheimnisvolle Gottesbegegnung des Moses am brennenden Dornbusch vertraut, die uns im AT überliefert ist. Als Mose niederkniet und Gottes Stimme wahrnimmt, der ihm aufträgt: „Zieh deine Schuhe aus, der Ort wo du stehst ist heiliger Boden!" brannte sicherlich auch sein Innerstes. So wollen auch Text und Bild dieses Buches einladen, diese Stätten aufzusuchen, um uns eine solche Erfahrung der Nähe Gottes schenken zu lassen. Eine ähnliche Ehrfurcht prägt auch die Spiritualität des hl. Franziskus, wie schon die frühesten Biographen berichten. Für Franziskus sind die Kirchen, ja selbst die unscheinbarsten Kapellen, mögen sie noch so verfallen sein, Orte innigster Sinnfindung für das eigene Leben. Sie sind gleichsam Vergewisserungsorte an das Geheimnis von Leben, Tod und Auferstehung.

Kirchen sind immer Wegzeichen des Himmels

Kirchen sind nie nur rein historische, museale und denkmalwürdige Gebäude, sondern Kirchen sind immer Wegzeichen des Himmels und Einladung an uns Menschen. Sie wollen

1 Franziskanerbrüder vom Heiligen Kreuz; Kommunität Mutterhaus in 53547 Hausen.

uns daran erinnern, dass uns nur aus der Verbindung zwischen „Himmel und Erde", aus der Vereinigung von „Gott und Mensch" möglich ist, das Leben trotz seiner Gebrochenheit, die uns oft genug an Grenzen führt, zu leben und zu lieben.
Warum ein solches Buch in unserer Zeit?
Einer Zeit, die doch so voller Bilder ist und einer schier unübersehbaren Informationsflut gegenüber steht? Es gibt eine ganz schlichte Antwort darauf: Wir brauchen gute Bilder und Bücher! – und dieses Buch ist ein solches! Wir brauchen gute Bücher, wir Menschen benötigen Lesezeichen und Lesehilfen für das Leben; da wo es sich uns verschließt, undeutlich wird oder droht ganz verloren zu gehen. Gute Bücher können einerseits helfen das Leben in all seiner Vielfalt zu sehen, zu entdecken und zu leben, andererseits wollen sie auch Leben deuten und einen Einblick in die Geheimnisse ermöglichen, ohne dass das Mysterium, das Geheimnisvolle verloren geht und gänzlich durchschaut oder verstanden wird. Ja, gute Bücher führen immer auch über die eigenen Fragen hinaus, und öffnen uns für das fraglos Himmlische.

Gibt es das überhaupt, ein Stück Himmel aus Stein?
Oder ist dies nicht ein unüberwindbarer Widerspruch? Zur Beantwortung dieser Frage möchte ich gerne einen medizinischen Gedanken zu Hilfe nehmen. Es gibt eine krankhafte Störung, die Aphasie. Dabei wird ein winziger Zellpunkt im Gehirn, im „Sprachzentrum" nur ungenügend durchblutet. Der Betroffene hört mit ungestörter Deutlichkeit weiter, sein Gehör ist nicht geschädigt, aber er versteht die Worte nicht mehr, alles tönt – doch ohne Sinn. Ähnliches gibt es auch im Bereich des Sehens. Bei gewissen Störungen der Hirnrinde kommt zwar der Seh-Eindruck zustande – das Auge ist ja unversehrt – aber das Geschaute ist abgeschnitten vom Erinnerungsschatz, bedeutet nichts mehr. Der Mensch sieht zwar Licht, Schatten, Bewegung und Farben, aber er weiß nicht mehr das Geschaute zu deuten und kann es nicht erkennen. Warum nun diese Ausführungen? Und, wo können diese eine Antwort auf die Frage geben: „Wie kann Stein ein Stück Himmel" sichtbar und erfahrbar machen? Der Blick auf einige prägende Lebensvollzüge in unserer heutigen Gesellschaft kann uns einer Antwort näher bringen.
Leben wir heute nicht immer mehr in einer Zeit, in der die Botschaft des Evangeliums und unseres Christsein (Christ sein heisst letztlich, immer mehr Mensch werden) von vielen nicht mehr verstanden werden?
Leben heute nicht mehr denn je viele Menschen in einer „geistlichen Aphasie"? Das heisst, dass sie wenig von dem Sinn erkennen oder erahnen, auch wenn sie hören und sehen, welcher uns hier in Stein und Bild verkündet wird? Auch wenn dies für viele so sein mag, lebt doch in allen Menschen zutiefst eine Sehnsucht nach dem Geheimnis, welches außerhalb unseres Begreifens liegt. Und ist es nicht gerade diese Sehnsucht, die Menschen bis heute immer wieder bewegt, den Himmel ein Stück auf die Erde zu holen und begreifbarer zu machen?

Und davon möchte ich die nächste Frage ableiten. Was hat Menschen bewogen, eine solche Vielzahl von Himmelsstücken zu errichten – warum soviel Aufwand, um wenigstens ein Stück des Himmels auf die Erde zu bringen – eine Himmelsahnung in Stein? Auch dieses

Buch und die Folgebücher, wollen an diese Sehnsucht heranführen. Gerade auch die Wahrnehmungs- und Sinndefizite unseres Heute möchte dieses Buch aufnehmen, indem es Auge und Ohr wieder an den Schatz der Erinnerung heranführt. Deswegen brauchen wir Bücher, welche uns aufmerken, aufsehen und aufhorchen lassen. Und zum Kompass werden, der uns hilft, uns mit all unseren Sinnen auszurichten auf das Leben in all seinen Dimensionen, um zur Besinnung zu kommen. Mehr denn je ist ein solches Buch bedeutsam und wichtig.

Es ist ein Wesensmerkmal unserer Zeit, dass sie für uns Menschen mehr und mehr von ihrer kulturellen Selbstverständlichkeit verliert. Warum dies so ist, und warum unsere Welt mehr und mehr die Transparenz, Eindeutigkeit und Deutlichkeit verliert, möchte ich an vier Merkmalen kurz skizzieren.
Unsere Welt ist geprägt von: Pluralität: Neben uns gibt es viele andere Traditionen, Gebräuche und das Christentum wurde so nur noch eine unter vielen Religionen. Schwinden der Tradition. Religiöses und gesellschaftbestimmendes Wissen, Brauchtum und Traditionen sind in ihrer Prägekraft zurück gegangen. Sprichworte und Lebensweisheiten sind immer weniger verständlich und die allgemein auch religiös geprägte Sprache und Lebensform verliert an Bedeutung. Heutige Generationen wissen weniger über das Eigene, doch oft mehr über das Andere. Schwinden prägender und unterstützender Gemeinschaft. Sicherlich war und ist es wichtig, sich durch soziale Zwänge nicht umfassend bestimmen zu lassen und so gehindert zu werden das Eigene leben zu dürfen oder zu können. Doch eine neue Gefährdung ist die, dass es kaum mehr verlässliche Gruppen gibt, die uns in unserer Lebens- und Sinnsuche unterstützen – die mir Hilfe und Orientierung geben, mich für das Richtige und den Richtigen zu entscheiden, ob dies nun Lebensentwurf, Lebenspartner oder auch die Gottessuche betrifft.
Solch prägende Gemeinschaften sollen jedoch niemals Zwang sein, sondern wollen immer auch das Eigene achten und doch zu gemeinsamen Erfahrungen führen und dadurch Gemeinschaft entstehen lassen. Ein viertes Moment ist der Verlust der prägenden Landschaften! So waren Jahrhunderte, der Tag, die Woche und das Jahr wesentlich stärker ausgerichtet auf religiös-spirituelle Weise und es gab klare religiös-spirituell durchwebte Zeiten, was übrigens für alle Kulturen und Völker gilt. So waren auch für uns in der Vergangenheit das Morgengebet und Abendgebet oder auch der Sonntag, als der Tag des Ausruhens bei Gott und den Menschen, der Sonntag als der Tag der Ausrichtung auf das Wesentliche bedeutsamer und prägender. Und eines zeigt die Menschheitsgeschichte, solche Prägezeiten und Prägezeichen sind wichtig, weil wir Menschen eben nicht nur von innen nach außen, sondern auch von außen nach innen leben. Wir Menschen, jede Gesellschaft braucht diese wechselseitige Prägung des Innen und Außen. Aus den Symbolen, Zeichen, Formen und Bräuchen einer Gesellschaft, also aus all den oft so unscheinbaren Äußerlichkeiten lässt sich auch ihr Innen ablesen, ja das Innen wird wesentlich dadurch mitgeprägt.
Das Buch macht deutlich: Es gibt ein tieferes Verstehen, welches sich nicht über den Weg des Nachdenkens, der Sprache und des Argumentes ereignet, sondern der über den Weg der Figurierung, der Bildhaftigkeit und Inszenierung, nämlich als wortloses Verstehen

geschieht. All dies trägt zur Besinnlichung der Welt bei und führt behutsam und mit Ehrfurcht an die Geheimnisse des Lebens und des Glaubens heran, an die Wirklichkeiten von Himmel und Erde, ohne diese vollends begreifen oder erklären zu wollen und zu können. Der christliche Auftrag und die konsequente Weiterführung dieses Gedankens und der Transfer in das Leben geschieht dann dadurch, wenn wir in unserem Tun und Sein ein „Stück Himmel aus Fleisch" in diese Welt hineinleben. Pilgerstätten, Pfarrkirchen und Kapellengeheimnisse sind in diesem Buch auf wundervolle Weise zusammengefasste, menschliche Lebens- und Glaubenserfahrung und, so möchte ich es sagen, bebilderte Lebenshoffnung. Möge beim Betrachten, Lesen und Aufsuchen dieser Stätten Augen und Herz aufgehen und sie sich neu öffnen für das Schöne und Wesentliche unseres Lebens.

So möchte ich schließen mit einem Dank an den Autor und den Verleger für dieses Engagement für die „Besinnung unseres Lebens".

Bruder Ulrich,
Generalsuperior des Franziskanerordens, Hausen

1

Fürstenloge für Angehörige des Hauses Wied

NEUWIED Drei Gebäude fallen dem Besucher schon Weitem her ins Auge, nähert er sich der modernen und jungen Stadt Neuwied über die Raiffeisenbrücke: Der Turmhelm der evangelischen Marktkirche, die Kirchsturmspitze des zentralen katholischen Gotteshauses St. Matthias und der Sitz der Stadtverwaltung im ehemaligen Rasselstein-Hochhaus. Obwohl die Marktkirchengemeinde als reformierte evangelische Gemeinde die erste zugelassene Glaubensgemeinschaft in der neugegründeten Stadt vor über 350 Jahren war, feierte das im Herzen der Stadt liegende Gotteshaus im Jahre 2009 erst seinen 125. Geburtstag. 1880 war die ursprüngliche Marktkirche abgebrochen und 1881 durch einen Neubau ersetzt worden.

Marktkirche Neuwied, Pfarrer Werner Zupp.

Friedrich III. begegnet der wirtschaftlichen Not

Am Ende des 30-jährigen Krieges im Jahr 1648 waren die Zahl der Entwurzelten und die materielle Zerstörung in Deutschland umfassend. Mehr als ein Viertel der Bevölkerung war ums Leben gekommen. Statistisch betrachtet lag der durch Krieg und Kriegsfolgen wie Pest und Hungersnöte anteilmäßige Bevölkerungsverlust höher als im 2. Weltkrieg. Die Notwendigkeit eines staatlich geschützten und gestützten Wiederaufbaus erforderte, dass vielerorts der Adel nun eigenes unternehmerisches Denken entwickeln musste, sollte er weiterhin Steuern erheben können. Die daraus folgende Verknüpfung von Staat und Wirtschaft hatte eine weit reichende Bedeutung für das deutsche Staatsdenken. Auch der wiedische Graf Friedrich III. setzte der wirtschaftlichen Not und der am Boden liegenden Agrarwirtschaft in seinem Territorium mit einer Stadtgründung am unteren Mittelrhein einen Aufbruch entgegen. Die neue Residenzstadt sollte in der unbebauten Dorfmark von Langendorf unmittelbar an die Hauptverkehrsader Europas, den Rhein angeschlossen werden. Mit der Verkündigung des Friedens von Münster 1648 baute der Graf unmittelbar ans Rheinufer zuerst

Stahlstich der hist. Bibel der Marktkirche.

das Schloss „Hauß Newen Wiedt“[1]. Und ab 1653 wurde die Stadt Neuwied im sumpfigen Überschwemmungsgebiet des Rheins begründet. Hier war der Graf Besitzer großer Grundflächen. Die Neugründung der Stadt konnte der Staat Kurtrier nicht verhindern, obwohl der trierische Kurstaat nahezu das gesamte Rheinufer zwischen Lahnstein und Bad Hönningen beherrschte. Graf Friedrich stattete seine neue Siedlung mit dem „Privileg der freien Religionsausübung in ihren Häusern“ aus und sagte allen Religionen Schutz vor jeglicher Behinderung zu. Schon um 1540 n. Chr. war in der wiedischen Grafschaft die Übernahme des neuen evangelischen Glaubens angeordnet worden.

Erster Kirchenbau 1671 am Marktplatz

Erst 1648 wurde im Westfälischen Frieden in ganz Deutschland neben der katholischen und der lutherischen nunmehr auch die reformierte Konfession anerkannt. Mitglieder der evangelisch-reformierten Kirche bildeten die erste christliche Glaubensgemeinschaft in Neuwied. 1671 legten sie den Grundstein für ihr Hauptgotteshaus inmitten eines Kirchhofes am neu angelegten Marktplatz zwischen Engerser Straße und Marktstraße. Der Bauplatz wurde ihnen vom Grafen zugewiesen.

1 Meinhardt, Albert: „300 Jahre – 1653-1953 Neuwied“, Neuwied 1953; S.53.

Gotteshaus der Lutheraner an der Friedrichstraße abgebrannt

Die Neuwieder lutherische Gemeinde dagegen musste sich „eine wirklich kirchliche Gleichberechtigung mit den Reformierten zumeist ziemlich mühselig erkämpfen ... von der Toleranz, wie sie der Stadtgründer gemeint hatte, war oft wenig zu spüren.“[2] Dennoch bauten sich die Lutheraner 1684 ihre erste Kirche und im Jahr der Französischen Revolution 1789 an der innerstädtischen Friedrichstraße ihr zweites Gotteshaus, das allerdings 1876 selbst verschuldet aus- und abbrannte durch ein entzündetes Tabaklager im Kirchendach. Vorangegangen war eine unglückliche Verkettung mehrerer Ursachen. Zuerst überflutete mal wieder ein Rheinhochwasser die Stadt samt der Kirche.[3] Die Wände des nassen Gotteshauses sollten durch starkes Heizen trockengelegt werden. Niemand dachte, dass dadurch das auf dem Dachboden der Kirche eingerichtete Tabaklager durch Selbstentzündung in Brand geraten würde.

Ein technisches Kleinod ist das Uhrwerk der Kirchturmuhr.

Gemeinsame Kirchengemeinde

Die Presbyterien beider Kirchengemeinden entschlossen sich schon 1830 mit ihren Gemeinden der von König Friedrich Wilhelm III. 1817 geschaffenen preußischen Union beizutreten. 1877 entstand die gemeinsame Evangelische Gemeinde Neuwied aus evangelischen Christen der Reformierten Kirche als auch der Lutherischen Gemeinde. Motiviert durch die Zerstörung der Kirche an der Friedrichstraße und dem zu klein gewordenen Gotteshaus am Markt entschlossen sich die unierten Innenstadtchristen nun auch eine gemeinsame Kirchengemeinde[4] zu bilden und sich folgerichtig ein gemeinsames Gotteshaus am Markt zu bauen. Der frühere Kirchhof der Marktkirche wurde stillgelegt und als Baugrund in den Kirchenneubau mit einbezogen.

Beschreibung

Der Krefelder Baumeister August Hartel (1844-1890) erarbeitete die Pläne für die neue Marktkirche, eine große neugotische gewölbte Emporenhalle (Langhausanlage) aus Bruchstein mit Querschifferweiterung und vorgestelltem Westturm,[5] bereichert durch Ecktürmchen. Die westliche Achse mit der Empore wird durch einen Zwerchgiebel betont. Charakteristisch die Sparsamkeit der Kirchenausstattung. Mit einer Summe von rund 250.000 Reichsmark wurde das Bauwerk errichtet. Kirchweihfest war am 04.04.1884.[6]

2 Meinhardt, Albert: „300 Jahre – 1653-1953 Neuwied“, Neuwied 1953; S.53.
3 Durch die Rheinuferbebauung hatte Neuwieds Innenstadt samt aller Bauwerke unter dem Rheinhochwasser zu leiden. Erst mit einem Deichbau am Ende der 1920er-Jahre hörten die Beschädigungen durch das Hochwasser auf.
4 1877 erfolgte die königliche Genehmigung der Vereinigung der beiden Neuwieder evangelischen Gemeinden.
5 Franzen, Werner: „Marktkirche Neuwied“ in: „Gottesdienststätten im Wandel“; a. a. O., Bd. II, S. 758 ff.
6 Heydorn, Hans H.: „Die Marktkirche in Neuwied“, in: 125 Jahre Marktkirche Neuwied und Kantorei 1884-2009, Neuwied 2009.

Besonderheit: Fürstenloge für das Haus Wied

Als Besonderheit besaß das neue Gotteshaus eine Fürstenloge für Angehörige des Hauses Wied. Das Gestühl des Presbyteriums wurde aufwendig ausgeführt. Bereits im 1. Weltkrieg wurde allerdings das wertvolle Bronzegeläut zur Kanonenherstellung beschlagnahmt. Vor dem 2. Weltkrieg war der Turm der Marktkirche wesentlich höher und markanter. Im Kriegsjahr 1944 wurde der schlanke, hohe Turmhelm der Kirche durch Fliegerbomben zerstört. Zeitzeugen erinnern sich, dass der Wiederaufbau von der untersten Stufe des Turmgerüstes, dem so genannten Kaiserstuhl, vorwärts getrieben wurde. Um ihn herum brachten Arbeiter dann eine neue Bedachung an. Das durch Kriegsschäden ebenfalls verwüstete Kirchenschiff diente dennoch zur Aufbahrung der Toten nach den Bombenangriffen. Umfassende Renovierungen erfolgten 1958 sowie 1990. Die Marktkirche präsentiert sich dem heutigen Besucher wieder in ihrer ursprünglichen Farbigkeit von 1884. Von den alten Fresken sind Reste im Querschiff erkennbar. Neu ist das große Holzkreuz über dem Altar. Im Rahmen der 125-Jahr-Feier 2009 tauchten einige verloren geglaubte Kirchenschätze wieder auf. „Wer beim Jubiläumsempfang in der Marktkirche zugegen war, dem wird auch die große, rund 1,50 Meter hohe Davidfigur aufgefallen sein. Die Schnitzarbeit (1884) im neugotischen Stil krönte das Prospekt der alten Walcker-

Orgel, die beim Bombenangriff im September 1944 Schäden erlitt und 1957abgerissen wurde. Seit damals galt der eine Harfe tragende Psalmist als verschollen."[7] Mitarbeiter des Kreismedienzentrums entdeckten ihn im Archiv. Auch ein altes Triptychon von 1900 wurde wieder entdeckt. Es erzählt die Weihnachtsgeschichte mit Verkündigung, der Geburt Jesu und den Heiligen Drei Königen. Die Orgel von 1967 hat fast 2.700 Pfeifen und 38 Register. Seit vielen Jahren finden regelmäßig Orgelkonzerte und andere musikalische Veranstaltungen statt.

Steckbrief

Lage: Innenstadt Neuwied, Parken kann man direkt vor der Kirche auf dem Marktplatz.

7 Blum, Frank: „Davidstatue wieder in der Marktkirche" in: RZ Neuwied 11.04.2009, Seite 20.

2

Pelikan in St. Matthias, Symbol für die Liebe Gottes

NEUWIED Menschen wollen wissen, welche Geheimnisse hinter den Mythen und Legenden der römischen Kirche stecken. Darauf gründen nicht nur erfolgreiche Romane wie Illuminati oder das Sakrileg, sondern auch die ZDF-Fernsehserie „Ihr Auftrag Peter Castell“. Deren Novemberbeitrag 2009 trug den bedeutungsvollen Titel „Der Pelikan“.

Unvermittelt dachten einige der Besucher der Neuwieder St. Matthias-Kirche an die Pelikanfigur, die seit 100 Jahren in der Mitte der Mensa den Fuß des Hochaltars ziert. Der Pelikan wurde in der christlichen Mystik zum Symbol der Liebe. Eine der den Pelikan betreffenden Legenden basiert auf dem Verhalten der Elterntiere, ihren Schnabel an die Brust zu legen und die Jungen mit den im Kehlsack verwahrten Fischen zu füttern. In der Antike wurde angenommen, dass der Pelikan sich in Notzeiten selber die Brust aufhacken würde, um seine Jungen zu füttern. Das Herauswürgen des (blutigen) Futters aus dem Schnabelsack erweckte diesen Eindruck.

Wuchtiger Glockenturm

Der 68 Meter hohe Glockenturm der katholischen Hauptkirche in Neuwieds Innenstadt steht wuchtig als Eckpfeiler an der im Jahre 2009 neu gestalteten Fußgängerzone Hermannstraße-Heddesdorfer Straße. St. Matthias, ein malerisch empfundener Außenbau[1] wurde 1901 als neugotische, dreischiffige, leicht gestaffelte Hallenkirche errichtet.[2] Vom Baustil her ist die dem späten Historismus zuzurechnen. Der Kölner Baumeister Heinrich Krings erstellte die Pläne. Uns begegnet ein reich ausgestattetes Gotteshaus mit ornamentaler und figürlicher Ausmalung. Krings baute kurze, polygonal abschließende Querschiffarme und gestaltete die Choranlage basilikal. Er verwendete schon damals als Baustoff den neuartigen Bims (Tuffstein). St. Matthias wurde 2009 durch die Strukturreform der katholischen Kirche im Bistum Trier zur katholischen Hauptkirche Neuwieds.[3]

1 Dehio, Georg: „Handbuch der deutschen Kunstdenkmäler“, München 1984, S. 733

2 Heuser-Hauck, Sabine: „Matthias in Neuwied“ in: „Festschrift 300 Jahre katholische Kirchengemeinde – 100 Jahre Pfarrkirche St. Matthias“, Neuwied 2004; S. 18

3 Im Jahr 2007 entstand zuerst aus den Pfarrgemeinden Hl. Kreuz, Liebfrauen und St. Matthias nur noch die Pfarrei St. Matthias, schon zwei Jahre später wurde 2009 noch einmal zusammengelegt und die Großgemeinde St. Matthias auch noch zur Pfarreiengemeinschaft mit den ehemals eigenständigen Pfarrgemeinden St. Bonifatius, St. Michael und St. Peter und Paul (Irlich) umstrukturiert.

Katholiken schon im 17. Jh. in Neuwied

Obwohl die wiedischen Grafen die Untertanen ihrer Grafschaft im 16. Jh. anwiesen, dem katholischen Glauben abzuschwören[4], obwohl sich beispielsweise sogar das ganze Dorf Kurtscheid nur durch komplettes Verlassen der wiedischen Grafschaft und Neuansiedlung auf dem Boden des Trierer Kurfürsten den katholischen Glauben bewahren konnte, erlaubte Graf Friedrich III. in seiner neu gegründeten Stadt Neuwied schon im Jahr 1682 zuwandernden Katholiken auf eigene Kosten eine Kirche und eine Schule zu errichten. Voraussetzung war, dass die katholische Gemeinde mindestens 130 Haushaltsvorstände zählt sowie 65 Häuser in der jungen Stadt errichtet hatte. 1701 war es soweit, auf einem Grundstück, das außerhalb der Stadtbebauung der damals noch existierenden Abtei Rommersdorf gehörte, wurde wieder das erste katholische Gotteshaus in der Neuwieder Grafschaft gebaut. Heute liegt das ehemalige Kirchengrundstück in der Innenstadt an der oberen Marktstraße, damals noch ein Feldweg. Nach den Gotteshäusern der Reformierten und der Lutheraner entstand somit als dritte Neuwieder Kirche die schlichte katholische Kapelle. Sie hatte ein Satteldach und drei Spitzbogenfenster auf jeder Seite. 1779 und 1783 kam es zu ersten Erweiterungen, 1852 wurde das Haus auf das Doppelte vergrößert, über 2.300 Katholiken lebten in der Stadt. 50 Jahre später aber wurde die baufällige und inzwischen zu klein gewordene Kirche abgetragen. Man kaufte ein neues Baugrundstück für 36.000 Mark und errichtete an der Heddesdorfer Straße zwischen 1899 und 1904 die neugotische St. Matthias-Kirche, die Platz für 6.500 Christen bieten sollte.

Beschreibung

Betritt man die 57 Meter lange und 23 Meter breite Kirche durch das Hauptportal, öffnet sich einem schnell der Kirchenraum mit seinem alle Raumteile überspannenden Stern- und Netzgewölbe. Architekt Krings gelang es, einen Eindruck von Einheitlichkeit und Weite entstehen zu lassen. Das Gewölbe weist über dem Mittelschiff eine Höhe von 19,50 m auf. Durch die weit auseinanderstehenden Pfeiler, die die Kirche tragen, hat man freie Sicht auf den prächtigen, neugotisch geschnitzten Hochaltar (1904). Die beiden Nebenaltär und die hölzerne Kanzel wurden 1903/04 gefertigt.[5] Der Altaraufsatz (Retabel) des Hauptaltars steht auf einer durch sechs dunkle Säulen mit hellen Basen und Blattkapitellen gegliederten Tischplatte (Mensa). Auf den hölzernen Stufen stehen die Kirchenväter Ambrosius, Hieronymus, Augustinus und Gregor als Halbfiguren. Die schlichteren Nebenaltäre der Seitenkapellen sind Maria (Nordseite) und Josef (Südseite) geweiht. Nahezu direkt über der Erde im Unterteil des Hochaltars wurde ein Pelikan platziert. Die Symbolik der Aufopferung Christi, dargestellt durch diese Figur ist mittlerweile umstritten. Die geschnitzte neugotische Kanzel verfügt über einen hohen Schalldeckel und einen Korb mit Darstellungen der vier Evangelisten. Eine aus der alten Pfarrkirche stammende hölzerne Madonna auf der Mondsichel ist aus der ersten Hälfte des 18. Jahrhunderts. Der Wandaufbau des Kirchenschiffes ist zweigeschossig. Die ursprüngliche Ausmalung wurde nach mehreren Umgestaltungen, auch bedingt durch

4 Um 1540 n. Chr. hatten die Grafen zu Wied in ihrer Grafschaft den evangelischen Glauben angeordnet und 1580 den reformierten Glauben eingeführt.

5 Dehio, Georg: „Handbuch der Deutschen Kunstdenkmäler" – a .a. O. S. 773

Nachkriegsrenovierungen, 1977-79 wieder angenähert. Besondere Verdienste hat sich dabei die Leutesdorfer Restauratorin Gisela Schreyögg (Leutesdorf) erworben.

Der neugotische Hochaltar, die beiden Nebenaltäre und die hölzerne Kanzel wurden 1903 gefertigt.

Steckbrief

Innenstadt von Neuwied, St. Matthias, Heddesdorfer Straße 10, 56564 Neuwied.
Die Fahne des kath. Gesellenvereins 1860-1890 Neuwied in der St. Matthias-Kirche ist ein wichtiges Zeugnis der Geschichte der kath. Arbeiterbewegung des 19. Jh.. 1860 bestanden im Bistum Trier erst 12 Gesellenvereine. Trier, Coblenz, Wittlich, Bernkasten, St. Wendel, Merzig, Kreuznach, Saarburg, Neuwied, Mayen, Prüm und Sayn. Der katholische Pfarrer als Präses erteilte Unterricht in Religion, Geschichte, Rechnen, Lesen, Schreiben, Deklamieren, Singen, Erdbeschreibung, Naturlehre und Zeichnen. Die Mitglieder besuchten den Unterricht abends und sonntags.

3

Fehlendes „d" bei Brüdergemeine ist Absicht

NEUWIED Mit der Umgestaltung der Friedrichstraße zur Fußgängerzone sicherte die Stadtverwaltung Neuwied einen historischen Stadtbezirk, das Herrnhuter Viertel. Es avancierte mittlerweile zu einem städtebaulichen Höhepunkt und Kulturobjekt. Die Herrnhuter Brüdergemeine, der auch Abraham und David Roentgen angehörten, war Mitte des 18. Jahrhunderts nach Neuwied ausgesiedelt. Rasch errichteten die „Herrnhuter" auf ihnen zugewiesenen Erbbauplätzen im Rahmen der vom gräflichen Stadtplaner ausgedachten Bauweise ein eigenes Häuserkarree, das „Herrnhuter Viertel". Darin stand ein großes Brüderhaus, ein Schwestern- und Witwenhaus. Einfache, im einheitlichen Baustil des Spätbarocks errichtete Gebäude bildeten seit 1772 den Wohnblock zwischen Langendorfer-, Friedrich-, Pfarr- und Engerser Straße. Unter Denkmalschutz steht auch die Brüderkirche in „Herrnhuter Architektur" mit ihrem schlichten Betsaal. Das Walmdach trägt einen weithin sichtbaren Dachreiter. Der Gemeindesaal wurde zwischen 1783 und 1785 nach einem Plan des Bauinspektors G. F. Tröger aus Niesky ausgeführt. Der Betsaal lehnt sich in seiner Architektur an den Betsaal der Brüdergemeine in Gnadau/Sachsen an. Große Fenster erhellen den schlichten, weiß gestrichenen Betsaal. Die „gute Stube" der Brüdergemeine soll mit ihrer Schlichtheit und Klarheit auch dafür sorgen, dass die Predigtversammlung gemeindebezogen und ohne Ablenkung stattfindet.

Betsaal der Brüdergemeine.

Herrnhuter bilden 1722 eine Freikirche

Was für uns heute so selbstverständlich ist, dass jeder glauben darf, was er will, war in Deutschland trotz Reformation, Augsburger Religionsfrieden 1555, Ende des 30-jährigen Krieges 1648 bis weit nach der französischen Revolution nicht selbstverständlich. Die Reformation hatte sogar den herrschenden Staats- und Kirchenbegriff aus dem Mittelalter vollständig übernommen und verfestigt. Es galt das Staatskirchentum. Der Augsburger Religionsfrieden legte fest: „Cuius regio, eius religio" oder übersetzt: Wessen das Land, dessen (ist) die Religion". Im Westfälischen Frieden wurde als dritte Religion die reformierte Kirche anerkannt. An deutsche Freikirchen war also Mitte des 17. Jh. noch lange nicht zu denken. Damalige Freikirchen verstanden sich als Gemeinschaft von Gläubigen, die, vereinfacht ausgedrückt, Gott mehr gehorchen wollten als den Menschen. Ihre angestrebte

Auffallend sind die Formen und die Ausstattung des Gottesdienstraumes. Der Saal ist in Weiß gehalten, der Farbe der Freude und Reinheit. Der/die Gemeinhelfer/in (Pfarrer/in) sitzt in dunkler Kleidung hinter einem einfachen Liturgus-Tisch.

Gleichheit unter den Menschen wurde teilweise als „kommunistisch" eingestuft. Erst die Auswanderung in die USA und die dortige Freiheit der Religionsausübung wirkte sich allmählich in Europa aus. Die Geschichte der Herrnhuter reicht bis in die böhmisch-mährische Hussitenzeit[1] zurück. 1722 tauchte eine kleine Gruppe von Glaubensflüchtlingen aus Schwenkfeld/Mähren in der sächsischen Oberlausitz auf. Sie durften den Ort Herrnhut am Hutberg auf dem Land des Grafen Zinzendorf in Sachsen gründen. 1727 gilt als Gründungsjahr der Herrnhuter Brüdergemeine, einer protestantischen Freikirche mit Graf von Zinzendorf [2] als offizieller Begründer. Zinsendorf erfuhr trotz Staatskirchentum und erheblichen Auseinandersetzungen mit der lutherischen Landeskirche im Herbst 1736 Unterstützung durch den preußischen König Friedrich Wilhelm I. Unter der toleranten Religionspolitik Friedrichs II. von Preußen entstanden ab 1742 mehrere Brüdersiedlungen in Schlesien. Zinsendorf und das Missionswerk der Brüdergemeine erfuhren darüber hinaus nachhaltigen Beistand durch Bischof Daniel Ernst Jablonsky. Er weihte 1735 den Herrnhuter David Nitschmann und 1737 Graf Nicolaus v. Zinzendorf zu Bischöfen. Damit verband Jablonsky die alte böhmisch-mährische Brüderkirche mit der Herrnhuter Brüdergemeine. Durch diese Erneuerung der alten böhmischen Brüderunität kehrte das Gedankengut von Comenius in die Bildungsarbeit der Herrnhuter ein, denn der als Pädagoge bekannte Johann Amos Comenius (1592-1670) war der letzte Bischof der böhmischen Brüderunität. Graf Zinsendorf konnte mit der Weihe als Bischof staatsrechtlich einer Freikirche vorstehen. 1755 handelte Zinsendorf beispielsweise in England die Anerkennung der Brüdergemeine als Episkopalkirche aus.

Neuwieds Herrnhuter kamen aus Herrnhaag

Graf Zinsendorf gewährte dem Büdinger Landesherrn Fürst Ernst Casimir ein erhebliches Darlehen. Der Wetterauer Fürst garantierte den Herrnhutern 1736 freie Religionsausübung und eine ihrer Ansiedlungen entstand in Herrnhaag. Herrnhaags Stellung überragte bald Herrnhut; die liturgische Praxis der Brüdergemeine festigte und vereinheitlichte sich von dort aus. Auch prägte sich in der Wetterau das kirchenmusikalische Leben aus.[3] Von Herrnhaag aus belieferte beispielsweise Abraham Roentgen die umliegenden Adelshäuser mit Möbeln höchster Qualität, die sich in Form, Ausführung und Schmuckelementen an englische Möbel anlehnten. Er besuchte die Frankfurter Messe, wo er bald Kunden aus den höchsten Kreisen gewinnen konnte. Selbst Goethes Vater erwarb auf der Frankfurter Messe einen Tisch und vier Sessel von Abraham Roentgen. In der Wetterau gelangte der Sohn des Fürsten an die Macht. Er verfolgte eine eher absolutistische Haltung. Dem wirtschaftlichen Erfolg und der religiösen Attraktivität der Herrnhaager Pietisten stand er kritisch ablehnend gegenüber. Er forderte von der Herrnhaager Gemeine die Huldigung und verlangte deren Abkehr von Graf Zinzendorf. Die Brüdergemeine lehnte ab. 1750 wurden die Gläubigen aus Herrnhaag ausgewiesen.

1 Wurzeln der Brüdergemeine finden sich in der böhmisch-mährischen Brüderkirche. Schon vor der Reformation erstrebten sie eine am Urchristentum orientierte Kirche. Sie ging Mitte des 15. Jh. aus den Hussiten hervor, als sich eine Gruppe zur Unitas Fratrum, Brüderunität, zusammenschloss. Daher auch das Wort Gemeine ohne „d", von Gemeinschaft und nicht von Gemeinde. Weltweit heißt sie „Moravian Church", weil die ersten Mitglieder Nachkommen der Emigranten aus Mähren waren.

2 Zinsendorf, Nikolaus Ludwig, Reichsgraf, lutherisch-pietistischer Theologe, Pfarrer (1734), Bischof (1737), Gründer der Brüdergemeine, * 26.5. 1700 in Dresden, † 9.5. 1760 in Herrnhut.

3 Wesseling, Klaus-Gunther: „Zinsendorf ..." in: BBKL Bd. XIV; S. 509-547; Herzberg 1998

Alexander Graf zu Wied

In der Grafschaft Wied herrschte seit 1737 Alexander Graf zu Wied. Nach den Mennoniten, den Reformierten und Lutheranern lud er in seine gerade erst 100 Jahre junge Residenzstadt Neuwied 1750 die „Herrnhuther Exilanten" ein. Neuwied galt im deutschen Reich als eine der ersten Freistätten für Religionsflüchtlinge. Graf Zinzendorf hatte auf seiner Kavalierstour nach dem Studium schon 1719 den Rhein befahren und kannte daher das neue Neuwieder Schloss am Rheinufer. 30 Jahre später erlaubte er den Anwerbern des Neuwieder Grafen, aus seiner vom Aufenthaltsverbot bedrohten Brüdergemeine in Herrnhaag (Wetterau) Handwerker und Handel Treibende nach Neuwied zu locken. Neuwieds Graf zu Wied handelte mit der Aufnahme der Flüchtlinge wohlüberlegt. Einerseits selbst in Geldnot und andererseits wissend um den Fleiß und die Handwerkskunst der Brüdergemeine, bot er der Glaubensgemeinschaft Obdach in seiner noch jungen Stadt an und hoffte gleichzeitig auf ein Darlehen des Grafen Zinsendorf. 1750 kamen 40 Neuankömmlinge aus Herrnhaag, sie wurden jahrelang in einem Notquartier in Neuwied untergebracht. Erst 1754 gelang es Graf Zinzendorf den Neuwieder Glaubensbrüdern zu helfen. Allerdings gab es kein Darlehen für Neuwieds Grafen. Dafür aber wurde ein Trupp fähiger Handwerker einer anderen Brüdergemeine nach Neuwied entsandt. Dank ihres Fleißes und Gemeinschaftsgeistes entwickelten sich schnell Handel und Gewerbe im Viertel der Herrnhuter Brüder. Die berühmten Möbel der Kunsttischler Abraham und David Roentgen wurden in der 1760 gegründeten Schreinerei der Gemeine gefertigt.

Steckbrief

Innenstadt Neuwied. Langerdorfer-, Friedrich-, Pfarr- und Engerser Straße bilden das Herrnhuter Viertel. Sehenswert sind die Möbel im Roentgenmuseum.

4

Läuten der Heddesdorfer Glocken 1840 eingestellt

NEUWIED „Von alten Zeiten her hat das Heddesdorfer Gotteshaus an der Dierdorfer Straße gestanden," schreibt Pfarrer Rudolf Löhr 1951 in seiner Geschichte zur Heddesdorfer Evangelischen Kirchengemeinde[1], die er als Buch veröffentlichte, um mit den Einnahmen aus dem Verkauf des Buches das im Krieg „verlorene Gemeindehaus sowie den Neubau eines Jugendheimes" zu finanzieren. Mit der Einführung der Reformation in der wiedischen Grafschaft wurde auch die Heddesdorfer Kirchengemeinde protestantisch. 1556 gehörte der evangelische Heddesdorfer Pfarrer Henricus Betschaft der Visitationskommission an, die alle evangelischen Gemeinden der Unteren und Oberen Grafschaft Wied besuchte und einen Zustandsbericht für den regierenden Grafen erstellte. Die Berufung in die 5-köpfige Kommission kann so gewertet werden, dass der Heddesdorfer Pastor eine nicht unerhebliche Stellung in der Grafschaft innehatte. Im 17. Jh. wurde die Heddesdorfer evangelische Gemeinde Muttergemeinde für die neu entstehende evangelische Innenstadtgemeinde der lutheranischen Kirche.

Beschreibung

Die heutige Heddesdorfer Kirche der evangelischen Friedensgemeinde wurde erst zwischen 1842 und 1844 errichtet. Ihr Turm 1909 erstellt. Das im Mittelalter entstandene, ehemalige Gotteshauses war niedergelegt worden, nachdem es schon seit 1806 als baufällig galt. Ein Seitenschiff wurde schon zuvor abgetragen. Der Turm musste von außen gestützt werden und die Decke des zweiten Seitenschiffes drohte einzustürzen. Am 15. April 1840 verfügte die Baupolizei die Einstellung des Glockenläutens in der Heddesdorfer Kirche. Das verbliebene Seitenschiff musste geschlossen werden. Dennoch wurden noch bis 1842 Gottesdienste gehalten. Dann hatte das alte Gotteshaus ausgedient und auf demselben Platz wurde der Grundstein für einen Neubau gelegt. Bei der Gründung der Fundamente wurde ein Grabgewölbe aus Backsteinen gefunden, in ihm standen mehrere kleine und große Särge. Beim Öffnen der Särge zeigten sich kostbare Spitzengewänder, die leider beim ersten Berühren zu Staub zerfielen.

1 Löhr, Rudolf: „Geschichte der Evang. Kirchengemeinde Heddesdorf", Detmold 191, S. 3ff.

Aus Niederschriften im Archiv weiß man, dass evangelische Geistliche im 17. Jh. unter dem Kirchenfußboden beigesetzt worden waren. Zudem fand man auch einen marmornen Grabstein eines Fräuleins von Heddesdorf. Das Rittergeschlecht ist somit auch noch in der ersten Hälfte des 17. Jh. für Neuwied nachgewiesen.

Bauherr des Neubaus war Bauinspektor a. D. Ilse (Koblenz). Das neue Kirchengebäude in romanisierender Form stand schon 1844. Erstmals läuteten die Glocken am 7. Januar 1844 wieder. Der Kirchturm wurde 1910 erhöht. Betritt man die Kirche, fällt der Blick unverstellt auf den Chorraum mit Altar und Taufbecken. Das Kircheninnere hat eine klare Struktur. Die Fensterbilder in der Apsis präsentieren die vier Evangelisten. Darüber sieht man das Spruchband „HERR, ich habe lieb die Stätte deines Hauses“ (Psalm 260). Nach dem 1. Weltkrieg schuf die Gemeinde im Turmeingang eine Gedächtnisstätte für die getöteten Soldaten. Zwei Gedächtnisfenster an den Seiten erinnern seit 1946 an 180 im 2. Weltkrieg gefallene Heddesdorfer Jugendliche und Männer. In einer zweijährigen Sanierung wurde ab 1962 der Innenraum völlig neu gestaltet. 1991 wurde die ehemals „weiße Kirche“ in hellen Beige- und Brauntönen neu gestrichen. 1964 erhielt die Kirche eine neue Klais-Orgel.

Glocken kehren aus dem Krieg zurück

Zwei der drei Glocken stammen noch aus der Zeit vor der Reformation. Die größte und älteste Glocke wurde 1347 gegossen, die kleinste zwischen 1380 und 1520. Die mittlere „Noberschglock“ entstand 1680. Noberschglock heißt im Dialekt Nachbarglocke. Sie wurde bei Hochwasser, Feuer und Not geläutet, um die Bürger aus der Nachbarschaft zur Hilfe zu holen. Die drei Glocken wurden zwar 1942 zu Kriegszwecken eingezogen, wie durch ein Wunder konnte ihre Einschmelzung aber abgewendet werden. Die Heddesdorfer Gemeinde gehört zu den wenigen, die ihre Glocken nach dem 2. Weltkrieg unversehrt wieder erhielt. So herrschte große Freude, als die älteste Kirchenglocke im Jahr 1948 vom Neuwieder Güterbahnhof abgeholt werden konnte. 1948 läuteten alle drei Glocken zum ersten Mal nach Kriegsende wieder zusammen.

Geschichte

Die Geschichte einer Heddesdorfer Kirche lässt sich gesichert für das Jahr 962 berichten. Ein Hof Heddesdorf soll von Kölns Erzbischof Bruno I. dem Kölner „Cäcilienstift" zur Finanzierung zugesprochen worden sein, der von dort zu erzielende „nasse Zehnt" sollte fortan dem Kloster als Grundherr überwiesen werden[2]. Bruno I. war Kölns erster Erzbischof, der weltliche und geistliche Gewalt zugleich in Händen hielt. Viele Straßennamen in Heddesdorf weisen daraufhin, dass Wein angebaut wurde, der nasse Zehnt gezahlt wurde. In diese Zeit fällt der Bau einer ersten Heddesdorfer Kirche. Seit dem 12. /13. Jahrhundert waren wiedische Grafen Grundherren des Kirchspiels Heddesdorf.

Grabung der Reichs-Limes-Kommission 1898 im Kastell Heddesdorf. Blick auf das Hypokaustum.

Römisches Kohortenkastell in Heddesdorf

Der Stadtteil Heddesdorf blickt mit Stolz auf die zeitlich früheste Siedlungsgeschichte der Neuwieder Innenstadt zurück, denn Ausgrabungen der Reichs-Limes-Kommission im 19.Jh. östlich der Dierdorfer Straße (Geschwister-Scholl-Grundschule) fördertendie Reste eines römischen Kohortenkastells (s. Bild links[3]) mit Badehaus zutage, Bestandteil des Obergermanischen Limes, der seit 2005 den Status eines UNESCO-Weltkulturerbes besitzt. Die römische Straße führte entlang der heutigen Andernacher und Dierdorfer Straße an der Nordwestseite des Kastells vorbei. Das Kastell wurde im 3. Jh. von einem Kastell in Niederbieber abgelöst. Die ehemalige Kastellstraße via principalis liegt unter der heutigen Geschwister-Scholl-Straße. Das Bodendenkmal ist heute fast vollständig überbaut. Neuwieds Innenstadtbezirk Heddesdorf wurde schon 1904 mit der Stadt verschmolzen. Das Steinkastell hatte als Seitenlängen 160 x 180 Meter (2,8 ha). Die Kohorte überwachte die frühen römischen Verkehrswege ins Wiedtal, hoch zum Westerwald, am Rhein und in Richtung Bendorf. Zurückgelassene römische Bauwerke nutzten die fränkischen Stämme nach dem 5. Jh.[4]

Steckbrief

Heddesdorfer Kirche, Dierdorfer Straße 39, Evangelische Friedenskirchengemeinde Neuwied, Dierdorfer Str. 67. In Heddesdorf wird ein sehr altes Brauchtum seit 1564 ununterbrochen durchgehalten, der Pfingstritt zur Abtei Rommersdorf. Immer am Pfingstdienstag. Nach der ältesten bisher vorliegenden Urkunde bestehen die Heddesdorfer Pfingstreiter seit 1564.

2 Reck, Johann Stephan: „Geschichte der gräflichen und fürstlichen Häuser Isenburg, Runkel und Wied", Weimar 1928

3 Quelle: Wikipedia – urheberrechtsschutzfrei! Fotograf: Robert Bodewig, gestorben 1923.

4 Grabfunde aus der Merowingerzeit wurden nachgewiesen im früheren römischen Kastell und bei der evangelischen Heddesdorfer Kirche.

5

Bonner Nonnenkloster hatte Rechte in Oberbieber

OBERBIEBER (NEUWIED) Die evangelische Kirchengemeinde Oberbieber geht davon aus, dass ihr Gotteshaus das älteste Kirchengebäude im Kreis Neuwied ist, zumindest was die halbkreisförmige, zweigeschossige Apsis der Kirche anbetrifft. Pfarrlich gehörte die evangelische Kirchengemeinde bis 1907 zur Kirchengemeinde Niederbieber. Schon vor 2000 Jahren lief die Grenze zwischen dem römischen Reich und dem restlichen Germanien mitten durch Oberbieber. Für das Jahr 1050 wird in Oberbieber eine St. Nikolauskapelle als Eigenkirche des Frauenstifts Dietkirchen[1] erwähnt. Das Bonner Benediktinerinnenkloster ließ im 11. Jh. auf seinem Oberbieberer Wirtschaftshof die Kapelle für die Hörigen errichten. Kaiser Heinrich II. (1014-1024) schenkte das Oberbieberer Land „villa bivera" dem Bonner Kloster. Dessen Standort war am linksrheinischen Rheinufer an der Diet

Älteste Kirche im Kreis Neuwied, die evangelische Kirche in Oberbieber.

1 Dietkirche = Furtkirche

(Furt)[2] hin nach Schwarzrheindorf. Die Bonner Dietkirche stand im 8. Jh. als erste Pfarr- und Taufkirche der dortigen Region auf den Resten römischer Kastellanlagen. Von der knapp 1000 Jahre alten Oberbieberer Kapelle ist im Baukörper der evangelischen Kirche noch die ehemalige zweigeschossige Apsis erhalten.

Geschichte

Außer dem Wirtschaftshof der Bonner Nonnen im Raum Oberbieber wurde am Aubach, oberhalb von Oberbieber, mindestens 1180 schon eine Klostermühle des Gladbacher Prämonstratenserinnenkloster Wülfersberg (Neuwied) betrieben. Bruno I., Graf von Isenburg errichtete 1197 die Brunoburg auf einem Felssporn oberhalb des Aubachs. Das Land hatte er der Abtei Rommersdorf abgetauscht. Im 13. Jh. nahm ein Bruno III. Herr der Braunsburg, das Oberbieberer Klostergut samt Kirche widerrechtlich in Besitz. Er reklamierte alte Vogtrechte, aber nach 1263 fiel der Winzer- und Bauernhof wieder dem Bonner Kloster zu.[3] 1315 tauschten die Bonner Schwestern das Gut mitsamt der Nikolauskapelle mit dem Kloster Rommersdorf (Neuwied). Die Mönche des Prämonstratenserordens von Rommersdorf stellten nun den Pfarrer in Oberbieber.

Beschreibung

In der ersten Hälfte des 13. Jh. wurden zwei sie flankierende spätromanische Türme an die zweigeschossige Apsis der Nikolauskapelle angebaut. Dazu wurden auch Steine vom ehemaligen Niederbieberer Römerkastell verwendet. Die Türöffnung zum zweiten Turm ist noch heute erkennbar. In der Reformationszeit 1575 ging die Kirche in Oberbieber vom Rommersdorfer Kloster durch Grundstückstausch an Graf Johann zu Wied. Die Kapelle wurde evangelische Gottesdienststätte. Die Rommersdorfer erhielten dafür vonm Grafen zu Wied das Patronat zu St. Sebastian in Engers sowie den vierten Teil des dort liegenden Zehnten. Im Laufe der französischen Raubkriege unter Ludwig dem Sonnenkönig brannten französische Truppen die Kirche in Oberbieber 1673 nieder. Nur die beiden Türme und die Apsis blieben stehen. Der nördlich gelegene Turm musste 1675 abgebrochen werden, so sehr war er durch den Brand beschädigt. 1751 wurde mit dem Wiederaufbau der Kirche begonnen. Es entstand ein 18 m langes einschiffiges Langhaus mit je drei Rundbogenfenstern an den Längsseiten. 1935 erhielt die Kirche einen separaten Eingangsbereich, die Empore wurde vergrößert und eine Sakristei anstelle des ehemaligen Nordturms angebaut. Der Eingang liegt nach Süden. 1938 wurde die Kirche erweitert. Der Eingang wurde überdacht, mit anschließender Ehrenhalle. Altar und Taufbecken wurden erneuert. Die beiden Glocken mussten nach dem 2. Weltkrieg zum zweiten Mal neu angeschafft werden. 1999 wurde das Kirchendach erneuert. Damit hatte die Kirche ihr heutiges Aussehen erlangt.

2 An der Bonner Kreuzung Rosental-/Drususstraße, etwa 300 m vom Rheinufer kann man in einem kleinen Park Grundmauern der Dietkirche besichtigen. Diese Kirche ist erstmals 795 schriftlich bezeugt. Erbaut wurde die Dietkirche am Endpunkt der früheren römischen Wasserleitung, die aus der Eifel kam. Steine gab es also in Hülle und Fülle. Das Kloster hielt übrigens Bonns ältesten Jahrmarkt ab. Dort kreuzten sich mehrere Straßen mit dem Fahrweg zum Rhein, wo Furt und Fähre nach Schwarzrheindorf hinübergingen.

3 Clemen, Paul; Zimmermann, Walter: „Die Kunstdenkmäler des Kreises Neuwied", a. a. O. S. 323

Die Apsis der ehemaligen Nikolauskapelle aus dem 13. Jahrhundert.

Steckbrief

Evangelische Kirche Oberbieber, Friedrich-Rech Str. 185, an der L 260 nach Rengsdorf.
Ein Limes-Wachturm stand auf dem Wingertsberg, ein Nachbau wurde in der 2. Hälfte des 20. Jh. wieder errichtet (WP Nr. 1/37). Die Oberbieberer Straße „Im Wingertsberg" weist auf den ehemaligen Weinanbaubau hin. Gedenkplakette für jüdische Mitbürger an der Kirchenmauer. Bis 1938 lebte die junge evangelische Gemeinde in Oberbieber in der Nachbarschaft einer größeren jüdischen Gemeinde mit eigener Synagoge. Im NS wurden die jüdischen Geschäfte geplündert und die Synagoge durch SA-Angehörige sowie Sympathisanten zerstört. Ab 1942 wurden viele jüdische Mitbürger verschleppt und ermordet. Ihnen zu Gedenken wurden ihre Namen auf einer Tafel an der Außenwand der evang. Kirche festgehalten.

6

Zwei Kölner Erzbischöfe in Niederbieber bestattet

NIEDERBIEBER (NEUWIED) Ausgerechnet Erzbischof Hermann V. zu Wied, Befürworter der Reformation im Erzbistum Köln und Mitverantwortlicher für die Umsetzung des Protestantismus in der Grafschaft Wied sowie einer der markantesten Vertreter der Gegenreformation, Kölns ehemaliger Erzbischof und Kurfürst Salentin haben beide ihre letzte Ruhestätte in der evangelischen Pfarrkirche von Niederbieber gefunden. Am 14. März 1515 wählten die Mitglieder des Domkapitels den damals 38-jährigen Hermann zu Wied[1] zum Erzbischof und Kurfürst von Köln.[2] Schon 1529 verfolgte Erzbischof Hermann einige Ziele der Lutherschen Reformation, wollte seine Kirche behutsam erneuern, aber achtete auch sehr darauf, dass keine Pfründe bei der Reform verlorenginge. Bei all seinem Tun vergaß er die Finanzen nicht. Hermann reagierte mehr auf Entwicklungen, als dass er aktiv die Fäden des Geschehens in die Hand genommen hätte. Erst 1536 rief er eine Versammlung ein, zu der die zu seiner Diözese gehörenden Bischöfe von Jülich, Utrecht, Minden, Münster und Osnabrück eingeladen wurden. Es ging um die Verbesserung der Sitten, Stärkung des geistlichen Amtes, Verbesserung der Bildung sowie um die zukünftige Spende der heiligen Sakramente. Auf Burg Altwied traf sich Hermann zu einem nicht öffentlichen Gespräch 1543 mit dem Theologen Melanchton. Melanchton selbst soll dabei auch in der im Mittelalter sehr beliebten Wallfahrtskreuzkapelle in Melsbach gepredigt haben.[3] Unter dem Einfluss von Martin Bucer wandte sich Hermann von Wied verstärkt dem Protestantismus zu. Er kündigte 1542 auf dem Landtag des Kölner Erzstifts eine Kirchenreform an und berief sich dabei auf den Reichstagsabschied von 1540. Bucer und Melanchthon verfassten unter Beteiligung des Erzbischofs eine auch als „Kölner Reformation"

Die spätromanische ev. Kirche (13. Jh.) war bis 1547 die katholische Pfarrkirche.

1 Hermanns Neffe war der Neuwieder Stadtgründer 1653 Friedrich III. Die späteren Grafen und Fürsten zu Wied entstammen der Ehe von Anastasia, Tochter des Johanns II. verheiratet mit Dietrich, Herr von Runkel. Ihre Linie beginnt mit Friedrich I. Herr von Runkel, Graf zu Wied und Herr von Isenburg, Vater von Erzbischof Hermann zu Wied. Mutter war Agnes von Virneburg, aus dieser Ehe stammen fünf Söhne und eine Tochter.

2 Schon 1151 wurde mit Graf Arnold zu Wied ein wiedischer Adliger Erzbischof von Köln. Trotz Hermanns Absetzung wurde wenige Jahrzehnte später auch Graf Friedrich zu Wied, Dechant und Probst zu Köln 1562 zum Erzbischof gewählt. Friedrich war ein Gegner der neuen Lehre. 1567 entsagte er durch Krankheit freiwillig der erzbischöflichen Würde.

3 Löhr, Hermann-Joseph: „Ein Himmel aus Stein", Wallfahrtsruine Melsbach, Asbach 2009; S.15

bekannte Schrift.[4] Letztendlich versuchte er vergeblich mit der Kölner Reformation sein Erzstift dem Protestantismus zuzuführen. Ein protestantisches und damit weltliches Kurfürstentum Köln hätte das Machtgefüge im Kaiserreich deutscher Nation völlig aus den Fugen gehoben, denn ein weltliches Kurfürstentum Köln wäre eine wesentlicher Schwächung der politischen Macht des Papstes als auch des katholischen Kaisers gewesen und hätte ein eindeutiges Übergewicht des Protestantismus im Reich bedeutet.

Papst Paul III. setzt Erzbischof Hermann zu Wied ab

Erzbischof und Kurfürst Hermann V. von Wied war am 14. Januar 1477 auf Burg Altwied als fünfter Sohn von Friedrich, Herr von Runkel und Graf von Wied, und dessen Ehefrau Agnes, Gräfin von Virneburg, geboren worden. Hermann war von 1515 bis 1547 Erzbischof und Kurfürst von Köln sowie von 1532 bis 1547 Fürstbischof von Paderborn. Papst Paul III. setzte den abtrünnigen Kölner Erzbischof Hermann zu Wied ab und bannte ihn 16. April 1546. Hermann verlor alle seine Würden. Nach seiner Abdankung zog sich Hermann auf seine Altwieder Burg zurück. Er starb am 15. August 1552. Hermanns Reformation bewirkte, dass die Grafschaft Wied, die Städte Bonn, Linz, Andernach, die Kirchspielgemeinden Segendorf, Oberbieber, Feldkirchen, Heddesdorf oder Altwied-Melsbach anfangs zum protestantischen Glauben übergingen. In der Folge kam es zum „Truchsessischen Krieg" im Erzbistum Köln.

Niederbieber wird Grablege

Im 15. und 16.Jh. war die Niederbieberer Kirche die Grablege aller Grafen von Wied. Grablegen gehörten im Heiligen Römischen Reich Deutscher Nation vom 11. bis zum 17. Jh. zu den wichtigsten Monumenten dynastischer Erinnerungskultur. Die Exklusivität der Grablege wurde durch die Gründung eigener Grabkirchen oder einer exponierten Lage innerhalb der Kirche erreicht. Die Errichtung aufwendig gestalteter Grabmonumente ist ein wichtiges Kennzeichen der Grablege. Während Graf Hermann zu Wied als abgedankter Erzbischof unter dem Altar in der Kirche bestattet wurde, wurden die Gebeine von Salentin VI. von Isenburg entstammend der Grundherrschaft Isenburg-Grenzau aus ihrem Ursprungsgrab in der Abtei Rommersdorf nach der Säkularisation und Klosteraufhebung von Rommersdorf erst im 19. Jh. nach Niederbieber überführt. 1803 ließ August Karl Fürst zu Wied zum einen Salentins Grabmonument in das neugebaute Mausoleum in Dierdorf überführen (1825) und eine größere Graburne mit den Überresten Salentins in der Sakristei der evangelischen Kirche zu Neuwied-Niederbieber beisetzen. 1976 wurde dort noch eine Gedenktafel aus Keramik angebracht.[5]

Steinplatte der Grablege für die wiedischen Grafen.

4 Sommer, Rainer: „Hermann von Wied. Erzbischof und Kurfürst von Köln." Teil 1: 1477-1539, Köln 2000.
5 Müller, Hermann: „Salentin Graf VI. von Isenburg-Grenzau; Erzbischof und Kurfürst in Köln", www.bendorf-geschichte.de, Bendorf 2009

Römer bauten eines der größten Kastelle

Die Grenzregion zwischen Rheinbrohl und Bendorf entlang des Obergermanisch-Rätischen Limes-Grenzwalls muss für die Römer eine besondere Bedeutung gehabt haben, denn in Niederbieber bauten die Grenztruppen eines der größten Kastelle überhaupt, das zudem das Kohortenkastell von Heddesdorf um die Jahrhundertwende vom 2. zum 3. Jh. ablöste. Es hatte Platz für ca. 1.000 Mann.[6] Damit erklärt sich, dass in Niederbieber schon früh eine große Menge behauener Steine vorhanden waren, die nach Abzug der Römer nach dem 3. Jh. für spätere Bauwerke Verwendung fanden. Badehaus und Heiligtum konnten nachgewiesen werden. Bei Grabungen gab es Funde aus der frühfränkischen Zeit auf dem Gelände des um 259/60 zerstörten Kastells.

Archäologen sicherten die Reste des Kastells in Niederbieber. Foto: GDKE, Direktion Landesarchäologie Koblenz/C. A. Jost.

Erste Kapelle für 1204 bezeugt

Mit dem 13. Jh. können für Niederbieber wieder schriftliche Quellen ausgewertet werden. Die Herren von Braunsberg hatten in Ober- und Niederbieber grundherrschaftliche Rechte. Die Pfarrer wurden vom Bistum Trier bestätigt. Seit 1340 besaß das wiedische Grafenhaus das Patronat über die Kirche von Niederbieber. Das Kirchspiel wurde mit der Reformation in der Grafschaft Wied evangelisch.

Beschreibung

Ein viergeschossiger Turm mit Rautenhelm dominiert das Kirchengebäude. Turm und Altarraum bilden ein prachtvolles spätromanisches Ensemble. In der ersten Hälfte des 13. Jh. wurde die heutige Kirche gebaut, erhalten blieben aus der Vorgängerkirche der Chor und der spätromanische Nordostturm. Der Chor ist quadratisch und hat ein Kreuzgewölbe mit Rundstäben als Rippen und Schildbögen. Die Kreuzrippen ruhen auf Ecksäulen mit Blattkapitellen. Um 1500 ersetzte ein dreischiffiges Langhaus einen Vorgängersaal. Später fanden mehrere Erweiterungen und Veränderungen statt. Vorhandene frühe Schmuckformen sind die steigenden Rundbögen, der Vierpass und die Kleeblattfenster aus der Spätromanik. Der Westbau aus unbekannter Zeit wurde im 20. Jahrhundert mehrfach verändert. Der Schlussstein könnte eine Artischocke darstellen. Erhalten geblieben sind die Grabplatten des Kurfürsten Hermann zu Wied, die man im Boden belassen hat, und die seiner Eltern, die in die Wände des Altarraums eingelassen wurden.

Fenster, Turmuhr und Geläut

Die Fenster in der Südwand stellen, stark stilisiert, die Wurzel Jesse dar. Drei große Fenster über der Westempore zeigen die Portraits der an der Reformation in den Wiedischen

6 „Von Holzarmen und Holzbeinen. Ein römisches Quellheiligtum ...“, in: Der Limes 3; 2009. Das Kastell Niederbieber liegt heute in einem Neubaugebiet.

Landen maßgeblich beteiligten Reformatoren. In der Mitte Ex-Erzbischof Hermann von Wied, flankiert von den Theologen Martin Bucer und Philipp Melanchthon. Die Turmuhr besteht aus zwei größeren Bauteilen, die an zwei räumlich verschiedenen Orten montiert wurden. Die Verbindung dieser zwei Teile übernimmt eine 12 Millimeter dicke Stahlwelle. Die Verbindungswelle, die die Kraft der Drehbewegung überträgt, hat eine Länge von ca. 29 Metern. Das Zifferblatt befindet sich an der Westseite des erweiterten Teils der gotischen Kirche aus der Bauzeit um 1400. Um 1910 wurde dieses sichtbare Teil vom Kirchturm an den jetzigen Standort verlegt. Drei Glocken bildeten das Geläut bis zum 2. Weltkrieg. Die größte und älteste Glocke wurde im Jahre 1615 gegossen. Im NS mussten die beiden großen Glocken abgegeben werden. Durch einen glücklichen Zufall wurde die alte Glocke von 1615 auf dem Glockenfriedhof in Hamburg wieder gefunden und läutet wieder in Niederbieber.

Historische Buntglasfenster

Die sechs Fenster der Westseite der evangelischen Hermann-zu-Wied-Gedächtniskirche zeigen die Portraits der Reformatoren Martin Bucer, Hermann zu Wied und Philip Melanchthon sowie unterhalb der Empore die Wappen der Bistümer Paderborn und Köln sowie das wiedische Wappen. Das Fürstenhaus zu Wied stiftete 1912 die Fenster. Der Zahn der Zeit, Bleifraß und Witterungseinflüsse hatten den Buntglasfenstern stark zugesetzt. Die Fenster wurden ab 2007 renoviert.

Friedhof neben der Kirche

Das vermutlich älteste Grabdenkmal auf dem Alten Friedhof wurde 1832 für die Familie Biskamp als neugotisches Grabdenkmal errichtet. Biskamp war Pfarrer in Niederbieber. Er berichtete ausführlich über die Ausgrabung der Grabplatte des Kurfürsten und Erzbischofs Hermann zu Wied, der in der Kirche beigesetzt ist.

Steckbrief

Der Stadtteil liegt nördlich der Innenstadt am Zusammenfluss von Aubach und Wied. Seit 2008 kann ein Kirchenführer erworben werden. Die Kirche liegt „am Kirchberg" von der Hauptdurchfahrtsstraße aus gut sichtbar. Das Kastell Niederbieber zählt zu den größten, bedeutendsten und besterforschtesten römischen Militärlagern am Obergermanischen Limes. Das Bodendenkmal ist ausgewiesen und wird von den Straßen Burgstraße, Am Limes, Melsbacher Straße und Ringmauerstraße gebildet.

7

Evangelischer Fürst musste katholische Kirche bauen

IRLICH (NEUWIED) Die hoch über der Wiedmündung thronende katholische Pfarrkirche St. Peter und Paul in Neuwied-Irlich beherrscht mitsamt ihrem Turm als echtem Hingucker seit 1835 das Rheinpanorama. Sie wurde Nachfolgebau der im 19. Jh. abgebrochenen St.-Georgs-Kapelle. In romanischer Zeit entstand schon die erste Irlicher Kapelle, Teil des Pfarrbezirks von Feldkirchen.

Heinrich II. schenkt Irlich dem Bamberger Dom

Kaiser Heinrich II. (1014-1024) schenkte erhebliche Flächen aus dem Reichsgut an Klöster als auch an Bischöfe des Reiches. Dies war politische Absicht und weder Mitleid noch Barmherzigkeit. Aus dieser Politik heraus geriet nicht nur Oberbieber als Hofgut an das Kloster Dietkirchen (Bonn). Kaiser Heinrich II. schenkte so auch das Reichsgut Irlich 1022 der Domkirche zu Bamberg. Der heilige Georg ist einer der Schutzpatrone des Bamberger Doms. Fast 400 Jahre lang blieb Irlich offizielles Lehen des Bamberger Domkapitels, ehe das Patronatsrecht 1424 in den Besitz des Erzbistums Trier gelangte. In Irlich setzten die fernab liegenden Bamberger Grundherren ortsnahe Adlige als „Hausmeier" oder Vögte ein. So wurde Irlich als Bamberger Reichslehen von den Grafen von Sayn beherrscht. Die Grafen zu Wied begehrten allerdings stets auch Irlich, lag der Ort doch direkt vor ihrer Haustüre und unmittelbar am begehrten Handelsweg Rhein. Die Grafen zu Wied pochten dabei auf ihre Rechte als Nachfolger der Engersgaugrafen. Sieger der Hoheit über Irlich blieb bis 1803 der Staat Kurtrier. Er übernahm von Sayn 1606 und endgültig 1652 deren Vogtei Irlich und stellte sie unter seine unmittelbare Landeshoheit. Dennoch hatten die Grafen zu Wied[1] Rechte am Hauptzehnt der Bauern von Irlich und gaben ihren Anspruch als Territorialherr über Irlich niemals auf.

Graf zu Wied führt Reformation in Irlich ein

Das Bemühen der wiedischen Grafen, die Reformation seit dem 16. Jh. auch im Kirchspiel Irlich durchzusetzen misslang. Triers Bischof sandte 1630 Jesuiten nach Irlich, um den katholischen Gottesdienst dort aufrecht zu erhalten. Die Wollendorfer Feldkirche mit Pfarrbezirk war inzwischen protestantisch und konnte Irlich nicht mehr mitversorgen. Die St. Georgskapelle wurde daraufhin 1662 unter dem Trierer Erzbischof von der Leyen zur selbständigen Pfarrei erhoben.

Katholiken klagen gegen den Neuwieder Fürsten

Die nunmehr wieder katholische Irlicher Pfarrgemeinde versuchte mit allen Kräften die schon im Jahr 1618 als baufällig bezeichnete Kapelle[2] abzubrechen und mit finanzieller Unterstützung durch den Grafen von Wied als Hauptzehntherren ein neues Gotteshaus errichten zu lassen. Die Grafen sahen sich nicht zuständig, weil Irlich kurtrierischer Besitz war. Kurtrier wiederum war der Ansicht, dass die Zehntherren zum Bau und zur Reparatur des Schiffes der Pfarrkirchen in der erzbischöflichen Diözese gehalten seien. Im Jahr 1790 klagte die Gemeinde Irlich beim erzbischöflichen geistlichen Gericht in Ehrenbreitstein wegen des Neubaus und der Zuständigkeit für die Übernahme der Baukosten. Der Rechtsstreit wurde vom neuen Landesherrn, dem Königreich Preußen erst nach dem Wiener Kongress entschieden. Da gab es das Kurfürstentum Trier schon nicht mehr. Immerhin hatte das Urteil zur Konsequenz, dass die Gemeinde

1 Eul, Martin: Aus der Geschichte der Pfarrei Irlich, Irlich 1935
2 Clemen, Paul; Zimmermann, Walther: "Kunstdenkmäler im Kreis Neuwied, a. a. O. S.182 ff.

Die Kirche St. Peter und Paul ist ein Bau des späten Klassizismus.

Irlich in die Fürstlich-Wiedische Standesherrschaft eingliedert wurde, wofür sich der Fürst zu Wied verpflichten musste, den unter Trierer Herrschaft katholisch gebliebenen Irlichern als Ersatz für ihre alte St. Georgskapelle eine neue Kirche zu bauen. Die wiedische Rentkammer sträubte sich mit allen Mitteln. Erst nachdem sie in allen Instanzen den von der Gemeinde Irlich angestrengten Rechtsstreit verloren hatte, wurde sie durch endgültigen Entscheid des Königlichen Revisions- und Kassationshofes in Berlin vom 22. Dezember 1832 zur Erfüllung ihrer Verpflichtung gezwungen. Das geschah 1835. Während sich aus der Rechtsverpflichtung für den Fürsten der Bau der Kirche mit Langschiff und Chor ergab, mussten die Mitglieder der katholischen Pfarrgemeinde den Turm, die Sakristei, die Orgelbühne und die innere Einrichtung aus eigener Tasche finanzieren. Die seit 1836 leer stehende St.-Georgs-Kirche wurde 1894 abgebrochen.

Beschreibung

Der gräflich-wiedischen Baumeister Johann Heinrich Hartmann entwarf den Neubau als klar strukturierten, charaktervollen Bau des späten Klassizismus. Eine weitere klassizistische Kirche am Mittelrhein finden wir in Königswinter. Das Kirchenschiff ist ein flachgedeckter Saal von 28 m Länge und 14 m Breite. Die Fenster sind bleiverglast und sorgen für einen lichtdurchfluteten Sakralraum. Neben der Kirche steht der Glockenturm, der 1835 von den Gläubigen zu finanzieren war. Irlich wurde im 2. Weltkrieg durch viele Bomben schwer zerstört, so auch die Pfarrkirche. Das Kircheninnere wurde daher 1948 völlig neu gestaltet. 2003 bis 2006 musste das heutige Gotteshaus einschließlich des Turms umfassend renoviert und restauriert werden, da die roten Betonsteine der Fenster brüchig waren. 2003 wurden auch neue Kirchenbänke aufgestellt, die die alten Wangenformen wieder aufgegriffen haben. Die rund 400 m² Decke wurde von Kirchenmaler Eberhard Münch neu gemalt. 2008 wurde auch der Außenanstrich der Kirche dem des Turms angepasst und die Fenstereinfassungen grau gefasst. Nun erstrahlt das Gotteshaus innen und außen in frischem Glanz. Außerdem erhielt der Turm ein neues Dach aus Naturschiefer, das Turmkreuz wurde restauriert. Wetterhahn, Zeiger und Zifferblätter wurden neu vergoldet. Die Mitglieder der Kirchengemeinde bauten alle 400 hölzernen Schalllamellen aus der Glockenstube aus und versahen sie mit einem neuen Anstrich. Aus dem ehemaligen Minoritenkloster in Ratingen stammen die Altäre, die Kanzel, die Kommunionbank und vier Bildwerke an den Langwänden. Der Hochaltar ist aus der Zeit von 1680 bis 1700, die Seitenaltäre sind Arbeiten aus dem 18. Jh.. Kanzel und Kommunionbank, die im Stil zueinander passen, sind in der gleichen Zeit geschaffen worden wie der Hochaltar. Nur noch das Kruzifix über dem Hochaltar wurde in der Bauzeit der Kirche im 19. Jh. angeschafft.

Steckbrief

Irlich liegt rechtsrheinisch an der B 42 an der Mündung der Wied und gehört zu Neuwied.
Um 970 wurde Irlich erstmals als Irlocha urkundlich erwähnt.

8

Fantastisch rekonstruierte Schöler-Orgel ertönt in Altwied

ALTWIED (NEUWIED) Wie es der Name schon vermuten lässt, ist Altwied entwicklungsgeschichtlich der Vorläufer von Neuwied. Die verkehrsabgeschiedene Lage im engen Wiedtal verhinderte wohl, dass der mit vielen Freiheitsrechten[1] ausgestattete Burgflecken sich früh zu einer großen Gemeinde entwickelte. Eine erste Kirche in Altwied war die Burgkapelle zum Hl. Georg, dem Patron der christlichen Ritterschaft. Sie ist nachweisbar in der oberhalb der Pfarrkirche liegenden Burgruine. Sie bestand schon 1259 und diente dem ganzen Ort. Da sie 1327 und nochmals 1347 Ablassbriefe ausgestellt bekam, ist anzunehmen, dass die Burgkapelle von der frommen Öffentlichkeit besucht werden sollte.[2] Mit der Gründung der Stadt Neuwied im Jahr 1653, damit verbunden die Verlegung der

Die Pfarrkirche liegt unterhalb der Burgruine aus dem 12. Jh.

1 Altwied, auch Nieder- oder Gräfenwied genannt, hatte die Burgfreiheit, eine gehobene Rechtsstellung mit gewissen bürgerlichen Vorzügen wie Bürgermeisterwahl, Befreiung von Frondiensten, Befreiung von bestimmten Reichssteuern und Einquartierungen, Recht auf Bürgerwache, eigener Flurschütz, Schrödermeister (Verladeaufseher) und anderes mehr.

2 Neu, Heinrich; Weigert, Hans: „Die Kunstdenkmäler des Kreises Neuwied; a. a. O. S. 44 ff.

Residenz in die neue Stadt blieb Altwied in seiner Weiterentwicklung in sich gefangen. Mit dem Bedeutungsverlust wurde die Burganlage zur Ruine, man benutzte sie sogar als Steinbruch für den Bau des neuen Schlosses in Neuwied.

Kirchengeschichte

Nach dem Bau der Burg des wiedischen Grafengeschlechts an der Wiedschleife vor 1189 bildete sich in der Talaue unterhalb der Burg eine bäuerlich-bürgerliche Talsiedlung. Die wiedaufwärts liegende Laubachsmühle (Restaurant) beispielsweise wurde erst 1746 als Pulvermühle gebaut. Ende des 15. Jh. wurde eine größere Kirche für die untere Grafschaft errichtet. Eine dem Heiligen Antonius geweihte Vorgänger-Kapelle im Ortskern wurde für 1357 erstmals erwähnt. Unter dem Chorraum der im gotischen Stil errichteten Bruchsteinkirche befand sich zeitweise – vor Niederbieber – die Grablege der Grafenfamilien zu Wied.

Beschreibung

Der Baubeginn der heutigen evangelischen Pfarrkirche wird auf 1470 datiert. Die Jahreszahl 1689 in der Nordtür bezieht sich auf die Türe und nicht auf den Baubeginn der Kirche. Das einschiffige, flachgedeckte Langhaus mit einem Dachreiter ist über ein fensterloses Langjoch mit dem fünfseitigen, gewölbten Chorabschluss verbunden. Das Langhaus selbst hat spitzbogige Fenster. Der Chor ist mit Kreuzgewölben auf gekehlten Rippen gedeckt. Im Chor sind spätgotische Fresken zu sehen, die Holzdecke des Langhauses ist mit Rankenmustern ausgemalt. Die Nordtür erhielt später einen Fachwerkvorbau. In die Chorwände und an den Außenmauern sind eiserne und steinerne Grabplatten des 17. Jh. mit schönen Wappen eingelassen. Sie erinnern an Mitglieder der wiedischen Grafenfamilie. Die steinernen Grabplatten wurden 1920er Jahren aufgefunden. Die Kirche wurde 1923/24 umfassend renoviert, die Empore wurde zum Kirchenschiff hin verbreitert. Bei erneuten Wiederherstellungsarbeiten 1971/72 traten auch im Chor an den Gewölbescheiteln und Schlusssteinen sowie in den Leibungen der Maßwerkfenster alte ornamentale Fresken in lichten Farben zutage.

Gusseiserne Grabplatte aus dem 17. Jh.

Altwieder Schöler-Orgel

Als Graf Christian von Wied um 1745 zusammen mit dem regierenden Fürsten Johann Friedrich Alexander zu Wied-Neuwied die Residenz- und Grabstätte seiner Vorfahren besuchte, versprach er, eine Orgel zu stiften. Die wiedische Grafenfamilie blieb ihrem traditionellen Stammsitz verbunden. Dieser Traditionsgebundenheit verdankt die ev. Kirche ihre erste Orgel. Nach seinem Tode im Jahre 1754 löste Sophia Amalia von Stein, Wied und Runkel, Cousine von Johann Friedrich Alexander, das Versprechen ein. Am 28. Oktober 1755 wurde mit dem Orgelbauer Johann Wilhelm Schöler aus Bad Ems ein Neubauvertrag abgeschlossen; von den zu zahlenden 327 Reichstalern übernahm Sophia Amalia 300.[3] Gräfin Sophie Amalia stiftete auch 1756 auch eine Glocke für Altwieds Kirche. Eine lateinische Inschrift Johann Wilhelm Schölers vom 27. September 1756 überdauerte den späteren Abbruch der Orgel. Die Orgel in Altwied hatte ursprünglich ein seitenspieliges Brüstungswerk. Im 20. Jh. erhielt die Kirche eine neue Orgel, die teilweise mit der ehemaligen baulich verknüpft wurde. 1970 wich diese Faust-Orgel einem gebraucht aus der Marktkirche Neuwied erworbenen Instrument. Das Orgel- und Glockenamt der Rheinischen Landeskirche war um die Erhaltung der historischen Gehäuseteile besorgt und vermittelte die Firma Oberlinger (Windesheim) als Lagerstätte. 1988 genügte das Gebrauchtinstrument der Marktkirche nicht mehr den gewachsenen musikalischen Ansprüchen der Altwieder Gemeinde. Man erinnerte sich an das Barockgehäuse, das noch immer in Windesheim deponiert war. Die Entscheidung fiel, die Schöler-Barockorgel aus dem 18. Jahrhundert zu rekonstruieren. Die Einweihung der heutigen Orgel fand am 12. April 1992 in einem von Pfarrer Georg Buß gehaltenen Festgottesdienst statt, es spielte Sabine Paganetti. Für das Einweihungskonzert am selben Tage wurde Bernd Kämpf aus Neuwied verpflichtet.

Steckbrief

Von der B 42 abbiegen auf B 256, abbiegen auf L 255. Altwied liegt im Wiedtal unter der malerischen Ruine der Burg Altwied. Altwied überzeugt mit schönen und naturnah gestalteten Privatgärten und öffentliche Grünanlagen im Bereich einer wieder hergestellten Wied-Auelandschaft. Straßen und Gassen, die erhaltenen Teile der Mauerbefestigung sowie die profanen und sakralen Bauten sind denkmalgerecht gepflegt und zugleich den Anforderungen an zeitgemäßes Wohnen und Leben gut angepasst worden.
Evang. Kirchengemeinde Altwied, Burgtorstraße 9, 56567 Neuwied

3 Rodeland, Jürgen: „Die Schöler-Orgel (1756) in der ev. Kirche zu Altwied und ihre Rekonstruktion (1991/92)." in: Ars Organi, Zeitschrift für das Orgelwesen, Berlin und Kassel, 1993, S. 27-31. Insgesamt baute Schöler in der Zeit von 1748 bis 1792 49 Orgeln. 1792 Privileg als Hoforgelbauer.

9

Meistermann-Fenster lassen Feldkirche zur Kunststätte werden

WOLLENDORF (NEUWIED) Mindestens 800 Jahre alt ist die spätromanische Feldkirche im Neuwieder Ortsteil Wollendorf. Sie zählt zu den historisch bedeutenden Kirchen am unteren Mittelrhein und ist zugleich eine der ältesten Kirchen von Neuwied.

Die historische Kirche mit einem kompletten Georg-Meistermann-Fensterzyklus, das Pfarrhaus mit Garten, die Gerichtsstätte mit der alten Gerichtslinde (Naturdenkmal) und der Friedhof bilden ein solch eindrucksvolles Ensemble, frei von einengender Bebauung, dass man sich Zeit beim Besuch nehmen sollte. Die bleiverglasten Georg-Meistermann-Fenster lassen die Feldkirche zu einer Kunststätte ersten Ranges werden. Georg Meistermann (1911-1990) war Maler, Zeichner und Graphiker und schuf über eintausend Glasfenster an rund 250 Orten in Europa. Der gebürtige Solinger, einer der bedeutendsten Erneuerer der deutschen und internationalen Glasmalerei, erstellte beispielsweise in den 1950er Jahren für das Alte Rathaus in Wittlich[1] den vierteiligen Fensterzyklus der Apokalyptischen Reiter, die an das Grauen des Krieges erinnern und künftigen Generationen als Mahnung dienen sollen.

Früheste Mauerreste der Feldkirche stammen aus dem 10. Jh.

1 Löhr, Hermann-Joseph: „Versteckte Geheimnisse links und rechts des Eifelsteigs", Düren 2009, darin: Georg-Meistermann-Museum Altes Rathaus Wittlich.

Geschichte der Feldkirche

Gefundene Holzreste könnten auf eine erste Kirche, gezimmert aus Balken, aus dem 7. Jh. hinweisen.[2] Früheste Mauerreste der Feldkirche lassen sich auf das 10. Jh. datieren. Um diese Zeit gehören die Grundrechte den Herren von Hammerstein und einer Ritterfamilie aus Niederlahnstein.[3] Erst bei Restaurierungsarbeiten nach dem 2. Weltkrieg wurden die Mauerreste entdeckt. Die Kapelle war ein einfacher, gemauerter Kirchenraum von etwa 10 x 6 Metern. Um 1100 n. Chr. muss man sich die romanische Feldkirche als einschiffigen Saalbau mit flacher Decke vorstellen. Der Baukörper wurde danach mit einer Kirche mit gewölbter Decke überbaut, getragen von einfachen Kreuzgewölben, erweitert um einen rechteckigen Chor und um Seitenschiffe. Eine Kirchengemeinde „Veltkirgen" wird 1204 zum ersten Mal urkundlich erwähnt. Geweiht war die Feldkirche dem heiligen Michael. Man darf davon ausgehen, dass die Fassade der Kirche vom 13. Jh. bis 19. Jh. außen verputzt, weiß gekalkt und teilbemalt war. Im Osten befindet sich der mit einer halbrunden Apsis abgeschlossene Langchor, im Westen steht der massive 34 Meter und vier Stockwerke hohe Turm, im Außenmaß 7,50 x 6,50 Meter. Er wurde schon um 1200 an der Westseite an die Kirche angebaut. Sein Rhombendach ist mit Schiefer gedeckt. 1934 wurde die zwei Meter dicke Ostwand des Turmes durchbrochen und das Untergeschoss in den Kirchensaal integriert. Chor und Apsis mussten nach Kriegsschäden des 2. Weltkrieges vollständig rekonstruiert werden. Der Haupteingang in der Nordfassade wird von wuchtigen Tuffsteinpfeilern eingerahmt, in den Sturz ist ein romanisches Kreuz im Kleeblatt eingemeißelt. Das Dach wurde vollständig neu eingedeckt.

Gelungener Blick in den uralten, romanischen Baukörper.

2 Zeitz, Bruno: „Die Baugeschichte der Feldkirche", Kirchengemeinde Feldkirchen (Hg.), Neuwied 1987, S. 20 ff.
3 Neu, Heinrich; Weigert, Hans: „Die Kunstdenkmäler des Kreises Neuwied", Düsseldorf 1940, S. 144 ff.

Beschreibung

Der Innenraum der Kirche ist insgesamt 31 Meter lang, 15 Meter breit und in ein Mittelschiff mit zwei Jochen mit Kreuzrippengewölben sowie zwei nahezu gleich hohe Seitenschiffe gegliedert. Den Langchor deckt ebenfalls ein Kreuzrippengewölbe. Die Rippen sind als Rundstäbe ausgebildet und farbig betont, ebenso die Schlusssteine mit Zapfen. Die Schlusssteine der Kreuzrippengewölbe tragen das wiedische Wappen. Eine große, reich verzierte, barocke Basalt-Grabplatte[4] wird als Altartisch genommen. In der Apsis steht ein romanischer Taufstein aus schwarzem Basalt. Im Zweiten Weltkrieg wurden die Glasfenster der Kirche zerstört. 32 in ihren Maßen höchst unterschiedliche Fensteröffnungen waren neu zu gestalten. Nach langwierigen und kontroversen Diskussionen entschied man sich im Presbyterium für abstrakte, nicht oder kaum gegenständliche Fensterflächen.[5] Professor Meistermann stellte sich der Aufgabe, alle Fenster eines romanischen Gotteshauses als geschlossenen Zyklus zu gestalten.[6] Der einmalige Reigen[7] von Bleiglasfenstern wurde nach Versen der Bibel gestaltet, die dem Innenraum Licht und Farbe verleihen. Das Zusammenspiel der modernen, abstrakten Fensterflächen mit dem uralten, romanischen Baukörper ist ungewöhnlich, mutig, aber äußerst gelungen. Da die Fenster in den Jahren von 1952 bis 1979 gefertigt wurden, geben sie einen umfassenden Überblick über die künstlerische Fortentwicklung von Georg Meistermann.

Steckbrief

Anfahrt von der B 42; Feldkirchen liegt im Westen der Stadt Neuwied direkt am Rhein, gegenüber von Andernach. Nordwestlich liegt die Ortsgemeinde Leutesdorf, östlich der Stadtteil Irlich.
Pfarramt, Feldkircher Straße 89, Neuwied.

4 Grabplatte des Schultheißen Mathias Kreckel, verstorben am 22. April 1664
5 Richter, Werner; Storek, Wilhelm: „Meistermann – Die Fenster der Feldkirche", Kirchengemeinde Feldkirchen (Hg.), Neuwied 1978, S.10
6 Ebd., S. 10
7 Glasmalerwerkstatt Hans Bernhard Gossel (Schalkenmehren).

10

Rengsdorfer Kirche feierte 2007 den 1150. Geburtstag

RENGSDORF Anfang des 16. Jh. genauer 1517, eröffnete Martin Luther den Disput über die scholastische Theologie, was als Anfang der Reformation gewertet wird. Schon Mitte des 16. Jh. entstand in Rengsdorf eine evangelische Gemeinde, die mit Ausnahme weniger Unterbrechungen während und nach dem 30-jährigen Krieg 1618-48 ihre Pfarrstelle durchgehend besetzen konnte.[1] Die evangelische Kirchengemeinde nutzte bis zur Mitte des 19. Jh. den mittelalterlichen Kirchenbau aus dem 12. Jh.

1150 Jahre Geschichte

Die Gemeinde Rengsdorfs feierte im Jahre 2007 ihren 1150. Geburtstag. Eine frühe Erwähnung Rengsdorf mitsamt einer Kirche findet sich im Jahr 857 in einer Urkunde des Trierer Bischofs Thietgaud. Die Quelle hält die Verschreibung der Zehntgefälle der Pfarrkirche zu „Rengeresdorf" ans Koblenzer Stift St. Castor[2] fest. Das Koblenzer Kloster ließ zur Erbauung der Volksfrömmigkeit für seine Zehntpflichtigen in Rengsdorf auf dem dortigen Wirtschaftsgut eine erste Kapelle errichten. Im Jahre 1347 wurde die alte Kirche niedergelegt und ein Neubau errichtet. Die Kirche erhielt als neues Patrozinium den hl. Johannes Baptist. In den Jahren 1596 und 1641 wurde das Kirchengebäude noch einmal erneuert. Die heutige Kirche wurde schließlich in den Jahren 1904/1905 erbaut.[3] Dabei wurde der Turm des 12. Jh. übernommen und ein neues Kirchenschiff an der westlichen Seite angebaut.

Rengsdorf wird lutherisch

Mit dem Beginn der Reformationsbewegung im Erzbistum Köln unter dem Kurfürsten und Erzbischof Hermann V. zu Wied nach 1530 veräußerte das

1 Franzen, Werner: „Gottesdienststätten im Wandel; Evangelischer Kirchenbau im Rheinland 1860-1914"; 2 Bde.; Düsseldorf 2004; S.966 ff.

2 Das Koblenzer Stift St. Castor wurde von der Krone zum Großgrundbesitzer gemacht und war im Besitz zahlreicher Weinberge an Mosel und Rhein. Der Stiftsvorsteher setzte seinerseits Verwalter ein, die die Abgaben (Zehnt) von den Bauern, Winzern oder Mühlenpächtern einzogen.

3 Dingeldey, Marie-Luise u. a..: „1150 Jahre Rengsdorf – Ein Gang durch die Jahrhunderte", Rengsdorf 2007.

Koblenzer St. Castorstift 1532 seinen Rengsdorfer Grund und Boden dem Trierer Kurfürsten. Trier verzichtete allerdings 1570 auf seine Rengsdorfer Neuerwerbung und übertrug dem wiedischen Grafen Johann seine dortigen Besitztümer im Tausch gegen wiedischen Grund im Bereich von Engers. Mit der Entscheidung des Augsburger Reichstages zum Religionsfrieden 1555 schien Trier auf seine Rechte am Rengsdorfer Sprengel, einem kleinen, katholisch gläubigen Gebiet, umgeben vom mittlerweile zum Protestantismus übergetretenes Land der wiedischen Grafen gerne zu verzichten. Eine Urkunde aus dem Jahr 1570, die anlässlich der 1150-Jahrfeier im Jahr 2007 in Rengsdorf ausgestellt wurde, belegt, dass Triers Kurfürst seine Besitzansprüche am Kirchspiel Rengsdorf beim Grafen Johann IV. Graf zu Wied eintauschte. Schon vorher war die Kirchengemeinde zum evangelischen Glauben übergetreten. Im 16. Jh. wechselte dann auch die Grundherrschaft über Rengsdorf. Bei den Geburtstagsfeierlichkeiten 2007 wurde in Rengsdorf ein handschriftlicher Bericht über die Synode von Honnefeld im Jahr 1564 ausgestellt. Verfasser war Johannes Heyen, erster evangelischen Pfarrer der Gemeinde Rengsdorf. Bei der Honnefelder Synode wurde ein gemeinschaftliches Vorgehen bei kirchlichen Riten in der Grafschaft Wied beschlossen. Der gebürtige Kreuznacher Theologe Leonhard Wagner, luth. Theologe und Reformator in Nassau-Siegen-Dillenburg leitete die Honnefelder Synode, die der wiedischen Landeskirche ihre Gestalt gab. Der Vermerk wird im fürstlich-wiedischen Archiv in Neuwied aufbewahrt. 1556 visitierte Wagner alle Gemeinden der Grafschaft Wied. Tatsächlich war Wagner einer der bedeutendsten Wegbereiter der Wittenberger Reformation in Nassau-Dillenburg und in den benachbarten Gebieten. Seine nassauische Kirchenordnung von 1536 gilt als „Dokument der Volksseelsorge".[4]

Beschreibung

Schon um 1850 zeigte die Rengsdorfer Kirche viele fortschreitende Bauschäden. Deutlich wurde, dass der alte Turm nicht mit dem Schiff ordentlich verbunden war. 1876 musste

4 Göbler, Martin: "Wagner, Leonhard" in:" Biographisch-Bibliographisches Kirchenlexikon, Band XXII, Nordhausen 2003

das Läuten eingestellt werden, es bestand Einsturzgefahr.[5] Einen ersten Neubauplan des Architekten und Münsterbaumeisters Arndt lehnte die Gemeinde mit der Begründung ab, die Vielzahl der Säulen im Innenraum würde die Sicht auf die Kanzel und Altar für fast die Hälfte der Gottesdienstbesucher versperren. Der Plan von Architekt Moritz Korn (Düsseldorf), die Kirche in einem frühgotischen Stil mit 476 Sitz- und 124 Stehplätzen zu errichten, gelangte um die Jahrhundertwende zur Anwendung. Der Neubau des Kirchenschiffes übernahm den Turmschaft von der früheren Kirche aus dem 12. Jh. Er rückte beim Neubau vom Westende nunmehr in den Südwestwinkel des Gebäudes.[6] Der Turm wurde gesichert und erhielt statt seines ursprünglichen niedrigen Helmes einen Aufsatz mit Eckfilialen und steilem Helm. Für das neue Kirchenschiff wählte Korn eine asymmetrische Anlage aus einem Langhaus und einer verkürzten Seitenschifferweiterung im Süden. Der Saal wurde gewölbt, mit zweiseitiger Empore und eingezogenem Chor. Quergiebel mit Stichdächern betonen die beiden Joche des Seitenschiffs. Die Ostseite des Hauptschiffs schloss ein eingezogener fünfseitiger Polygonalchor ab. Die Sakristei wurde angebaut und vervollständigte die Bauanlage. Der Pfarrgarten wurde in den letzten Jahren zur Parklandschaft umgestaltet. Der Innenraum zeigt ebenfalls einen zweischiffigen, asymmetrischen Aufbau. Der Mittelgang verband den Haupteingang im Westen mit dem Altar in der gewölbten und dreifach durchfensterten Chorapsis. Im 2. Weltkrieg erlitt das Kirchengebäude erhebliche Kriegsschäden. Die Verglasung ging durch Luftdruckschäden verloren. 1989/90 wurde der Innenraum erneut renoviert. 1990 konnte die Außenarchitektur im Rahmen einer umfangreichen Sanierung gesichert werden. Die Ausstattung der Erbauungszeit ist trotz verschiedener Innenrenovierungen weitgehend noch vorhanden.

Steckbrief

Die B 256 verläuft durch den Ort Rengsdorf im Kreis Neuwied. Standort der Evangelischen Kirche: Pfarrer-Knappmann-Str. 7, 56579 Rengsdorf.

5 Presbyterium Kirchengemeinde Rengsdorf (Hg.): „100 Jahre neues Kirchenschiff, 1905-2005", Rengsdorf 2005, S.10
6 Franzen, Werner: "Gottesdienststätten im Wandel; a. a. O. S. 966

11

Der Kirchturm stürzte 1801 ein

OBERHONNEFELD Die schmucke klassizistische evangelische Pfarrkirche stammt zwar erst von 1832, aber Oberhonnefeld hatte schon die frühe historische Ehre, im Sommer 1564 die erste protestantische Synode der Grafschaft Wied durchzuführen. Kanzel, Abendmahlsbank und besonders die Orgel, die auf einer von Jenischen Säulen getragenen Empore steht, zeigen edle klassizistische Formen. Ein erstes Kirchengebäude für Oberhonnefeld wird schon für das 10. Jh. genannt.[1] Eine Pfarrei „Hunnevelt" wird für 1204 in einer Urkunde erwähnt.[2] Deren alte Kirche wurde Anfang des 19.Jh. aus baupolizeilichen Gründen geschlossen und niedergelegt.

Geschichte

Die Historie der Kirchengemeinde Oberhonnefelds ähnelt in vielem dem Verlauf der Geschichte der Kirchengemeinde Rengsdorf zwischen dem 9. und 16. Jh. Schon zur karolingischen Herrscherzeit um 857 bildete die heutige Verbandsgemeinde Rengsdorf,

1 Clemen, Paul; Zimmermann, Walther: „Die Kunstdenkmäler des Kreises Neuwied ...", a. a. O. S. 326
2 ebd., S. 326

darunter auch die Erzgruben von Hümmerich oder die der „Gierender Höhe“, einen von vielen Zehntbezirken zur Finanzierung der Lebenshaltungskosten der Mitglieder und Pröpste des Koblenzer Stiftes St. Castor. Die Grenzziehung der Einflussbereiche auf der „Gierender Höhe“ zwischen den Adelsgeschlechtern derer zu Wied, den Herren von Isenburg und den Herren von Aden[3] war im Mittelalter nicht unumstritten. Eine der Grenzen bildete der „Gierender Bach“. Hinzu kamen die Grundherrenrechte des Koblenzer Kastorstiftes, auch wenn es oftmals die regionalen Adligen als Vögte einsetzte. Die Gehöfte der Ortschaft Oberhonnefeld gehörten zum Allodialbesitz[4] der Grafen von Wied. Im Laufe der Jahrhunderte gewannen die wiedischen Grafen gegenüber den Ansprüchen des Koblenzer Castor-Stiftes immer mehr politischen Einfluss. Mit den politischen Veränderungen gleich zu Beginn der Reformation im Raum Wied und Erzbistum Köln verkaufte der Prior des Koblenzer Stiftes St. Castor schon 1532 für 1600 Goldgulden die Besitztitel und Zehntrechte in den wiedischen Pfarreien dem Trierer Erzbischof Johann III.[5] Der Machtzuwachs des Trierer Kurfürsten hielt nicht lange, schon der Trierer Kurfürst Jakob von Eltz tauschte/verkaufte 1570 dem Grafen zu Wied die neu erworbenen Patronate und Zehntrechte in Oberhonnefeld und Rengsdorf gegen dessen wiedischen Besitz in Heimbach, Weis und Gladbach, zusätzlich gegen 2.519 Gulden und 12,5 Batzen. Jakob III. zu Eltz war strenggläubiger Katholik, ein entschiedener Gegner der Reformation und ein großer Befürworter und Umsetzer der Gegenreformation.

Kirche wird zum Wahrzeichen des Ortes

Für das Jahr 1700 liegen für Oberhonnefeld schon Berichte vor, dass das Kirchendach dringend repariert werden müsste. Hundert Jahre später vermerkt die Chronik einen sehr baufälligen Zustand des Kirchenhauses. Weihnachten 1801 stürzte der Kirchturm ein.
Der neue Herrscher von Napoleons Gnaden in der Region Wied, der Fürst zu Nassau, ließ 1813 eine allgemeine Kirchenkollekte in den Gemeinden Nassaus durchführen, sie brachte 530 Reichstaler für einen Neubau in Oberhonnefeld, notwendig waren 5.000 Taler.

Beschreibung

Der Kirchturm konnte zumindest neu gebaut werden, aber für die gesamte Kirche fehlte das Geld. Der Turm steht auf einem Quadrat von 6 m Länge. Seit Beginn des 3. Jahrtausends wird von einem Förderverein in Oberhonnefeld Geld für eine anstehende Turmrenovierung gesammelt. Preußen lehnte als neuer Landesherr 1825 eine finanzielle Unterstützung für Oberhonnefeld ab. 1827 wurde die Oberhonnefelder Kirche baupolizeilich geschlossen. Ab 1828 gelang es dann mit einer reduzierten Bausumme die neue Kirche zu bauen, im Sommer 1832 wurde eingeweiht. Die einfach gehaltene Kirche wurde von 1827-29 von Ferdinand Nebel erbaut. Dessen Pläne wurden in der Berliner Oberbaubehörde begutachtet und wahrscheinlich von Schinkel überarbeitet. Die Ausführung leitete der wiedische Baumeister Wenz. Das schlichte Kirchenschiff ist 18,35 m lang und 11,20 m

3 Die benachbarten Dörfer Nieder- und Oberaden haben den Namen „Aden“, der Herren von Hadenhagen noch im Ortsnamen. Hadenhagen war im Besitztum der Abtei Maria Laach. Die Herren von Aden gaben dem Ort auch den Namen (Ober-Aden). 1155 wird ein Ruthard von Adenhagen (Oberraden) erwähnt.

4 Lehen ist nutzbares Eigentum, beim Allod dagegen kann dessen Eigentümer darüber frei verfügen. Ein Allod konnte frei vererbt werden. Von den Einkünften aus Allodialgütern waren nicht einmal Steuern zu zahlen.

5 Johann von Metzenhausen (*1492-1540) war Trierer Kurfürst von 1531-1540.

breit. Nach Osten hin ist eine 4,80 m tiefe Apsis gelegt. Licht durch vier große rundbogige Fenster auf jeder Längsseite durchflutet den Saal. Erst 1832 kann eine Orgel angeschafft werden. Diese wurde durch die Brüder Weil aus Neuwied erbaut. 1911 und 1962 wurde die Kirche renoviert.

Oberhonnefelder Kirche als Kriegslazarett

Die Hochscheider Bürgerin Clara Jüngels erinnerte sich 2009, dass ihre im Frühjahr 1945 verletzte Schwester nach dem Einmarsch der Amerikaner von US-Kampfsoldaten von Hochscheid nach Oberhonnefeld in die evangelische Kirche gebracht worden sei, dort habe das US-Militär ein Feldlazarett eingerichtet. Im Rahmen der März-Kampfhandlungen um die Remagener Brücke und die Verteidigung der Westwaldhöhen war eine deutsche Funkkompanie in Hochscheid-Breitscheid eingesetzt. So fuhr in Hochscheid ein deutscher Funkübertragungswagen auf den Hof der Familie Koch. Clara Jüngels: „Es setzte ein reger Funkverkehr ein, dann brauste der Lastwagen wieder ab. Die deutschen Funker wussten, dass sie so nahe an den amerikanischen Stellungen waren, dass sie sehr schnell durch Funkpeilung geortet werden konnten. Während die deutschen Funker ihre Befehle an die Kameraden vor der Erpeler Lay weitergaben, versteckten sich unsere Familie und einige deutsche Soldaten im Keller. Sobald der Funktrupp mit seinem Wagen abgerückt war, verließen auch die ersten Bewohner und Soldaten wieder den Keller, da schlugen überraschend Phosphorgranaten zielgenau auf dem Hof unserer Familie ein. Mein Vater, der Kaufmann und Posthalter Hermann Koch wurde von einem Granatsplitter tödlich getroffen, ebenso meine Schwester Anna, die vom Phosphor in Brand gesetzt wurde und trotz Löschungsversuche nicht gerettet werden konnte. Ihr Körper war auf die Größe eines Kleinkindes zusammengeschrumpft“.[6] Deutsche Soldaten hüllten den leblosen Körper in eine Decke ein. „Meine Schwester Maria, die sich noch im Keller befand, wurde durch den Druck der Phosphorgranate so unglücklich gegen den im Keller stehenden kleinen Ofen geschleudert, dass sie erhebliche Brandverletzungen an den Beinen davontrug. Deutsche Soldaten versuchten ihr zu helfen. Sie brachten das schwer verletzte Mädchen mit einem „Kübelwagen“ nach Oberhonnefeld, wo die deutsche Wehrmacht in der evangelischen Kirche ein Feldlazarett eingerichtet hatte.“ Klara Koch war damals 18 Jahre alt: „Nur einen Tag später waren schon die Amerikaner im Dorf. Meine Mutter und ich durften dann meine Schwester in Oberhonnefeld besuchen. Amerikanische Ärzte hatten das deutsche Lazarett übernommen und kümmerten sich in zwischen um die Brandverletzungen meiner Schwester!“[7]

Oberhonnefelder Glockenschicksal

Beim Einsturz des Turmes 1801 zersprang die kleinere der beiden Glocken. 1830 schmolz der Glockengießer Friedrich Bernhard (Tiefenbach) die Glocken ein und fertigte neue. Die große, 850 kg schwere Bronzeglocke musste im 1. Weltkrieg für Kriegszwecke abgetreten werden. Ihre Nachfolgerin wurde im Z2. Weltkrieg 1942 erneut abgeliefert. 1949 wurden drei neue Glocken (1315 kg, 755 kg und 565 kg) aufgehangen. Sie erhielten die Namen

6 Orale Erinnerung Clara Jüngels, geb. Koch aus dem Kaufmannsladen und Posthalterei Hermann Koch in Hochscheid, aufgezeichnet vom Autor November 2008
7 ebd.

Glaube, Hoffnung und Liebe. Diese Glocken rufen bis zum heutigen Tage zum Gottesdienst, zu Beerdigungen und sonstigen festlichen Anlässen.

Im Inneren der Kirche überwiegen edle klassizistische Formen, die Baupläne der Kirche wurden von Schinkel überarbeitet.

Steckbrief

Oberhonnefeld-Gierend liegt nahe der Bundesautobahn A 3 im Kreis Neuwied. Östlich der Gemeinde verläuft die Bundesstraße 256, die von Neuwied nach Altenkirchen führt. Das Wahrzeichen des Ortes ist die evangelische Kirche, erbaut 1832. Der Friedhof ist direkt neben der Kirche.

12

Westerwälder Dom steht in Horhausen

HORHAUSEN Der Volksmund nennt das Wahrzeichen Horhausens „Westerwälder Dom". Dies drückt vielleicht auch am ehesten aus, dass die katholische Pfarrkirche Sankt Maria Magdalena ein beeindruckendes Bauwerk darstellt. Die Kirche in Horhausen gehörte zur Reihe spätromanischer Dorfkirchen des Westerwaldes. Der weithin sichtbare Flankenturm der früheren Kirche ist im unteren Baukörper teilromanisch erhalten. Vor den Kirchentüren empfängt eine lebensgroße Bronzeskulptur des bekannten Kölner Kardinal Joseph Höffner (1906-1987) die Besucher (s. Bild rechts). Erzbischof Joseph Kardinal Höffner wurde am 24.12.1906 in Horhausen geboren. Seine letzte Ruhestätte fand Kardinal Höffner in einer Gruft im Kölner Dom.

Geschichte

Die Region um Horhausen ist historisch vom Bergbau geprägt. Eine Urkunde, wonach Stiftsherren des Klosters St. Florin in Koblenz 1217 ihnen zustehender Hafer aus dem Ort Horhausen zum Brotbacken an ihr eigenes Klosterrefektorium[1] abtreten ist ein frühes Zeugnis. Damit liegt die Vermutung nahe, dass schon im 13. Jh. ein Ortsgeistlicher in Horhausen eingesetzt war, der die Zehntrechte für St. Florin überwachte.[2] „Hoirhusen" als Standort einer ersten Kirche lässt sich gesichert für das frühe 14. Jh. belegen. Eine Steuerakte aus dem Jahre 1330 veranlagt die Kirchengemeinde zu einer Steuer von einem Pfund und 16 Heller.

1 Refektorium steht für Speisesaal. Gemeint in der zitierten Urkunde ist wohl die Klosterkellerei.
2 Schug, a. a. O., S. 39

Verglichen mit der Steuererhebung in anderen Orten wird deutlich, dass Horhausen im 14. Jh. eine der ärmsten Gemeinden im Dekanat Engers war und der Pfarrer nur eine kümmerliche Vergütung für seinen Dienst erhielt. Die Schutzpatronin der Kirche, die hl. Maria Magdalena wird erstmals im Jahre 1625 als Pfarrpatronin erwähnt. 1664 musste das Dach der ehemaligen Kirche erneuert werden. Pfarrer Iserlohn, der im 18. Jh. 35 Jahre lang den Hauptzehnt aus der Kirchengemeinde bezog, tat nichts für den Unterhalt des Kirchengebäudes, sodass die romanische Anlage zusehends verfiel.[3] 1744 wurde dann unter Pfarrer Klöppel mit einem Neubau begonnen, einem einschiffigen Langhaus als Bruchsteinbau. Der romanische Turm rückte an die Ostseite. Im Mai 1857 erreichte der Geistliche Arenz den Anbau eines neuen Chorraumes. Die Forderung nach einem Neubau blieb bestehen. Die Kirchengemeinde war zwischenzeitlich erheblich angewachsen. 1901 genehmigte das Bistum Trier eine Kirchenkollekte für Horhausen im gesamten Bistum und die Koblenzer Provinzialregierung eine Hauskollekte in der Rheinprovinz.

Beschreibung

1902 wurde endlich mit dem Neubau begonnen, das alte Langhaus und der Chor wichen einer stattlichen dreischiffigen Kirche, die von Süden nach Norden gerichtet ist. Regierungsbaumeister Heinrich Krings (Köln) entwarf das Bauwerk. Er baute auch die die

3 Schug, a. a. O., S. 40

Neuwieder Kirche St. Matthias. Kirchenmaler Pehl (Köln) malte erstmals die Kirche aus. Die Schäden des 2. Weltkrieges wurden in den 1950er Jahren in umfangreichen Renovierungsarbeiten beseitigt. Die renovierte Pieta der schmerzhaften Mutter stammt vom Ende des 19. Jh. Sie steht in der ehemaligen Taufkapelle neben der hl. Barbara und dem hl. Joseph. Seit 1858 begeistert die Orgel von Meister Johann Schlaadt durch einen majestätischen Klang.
Die Fassade des Haupteingangs beeindruckt mit der Rose und den Halbfiguren des hl. Antonius und der hl. Magdalena in Nischen über dem Portal.
1999 erfolgte eine umfangreiche Innenrenovierung.

Die Ausmalung des „Westerwälder Doms“ beeindruckt.

Steckbrief

Horhausen wird gequert von der B 256 und liegt in der Mitte zwischen den Kreisstädten Neuwied und Altenkirchen. Von der A 3; Ausfahrt Neuwied/Altenkirchen; befindet sich der Ort rund 3 Kilometer entfernt. Bischof Johannes Rüth gehört neben Kardinal Joseph Höffner und Georg Friedrich Dasbach zu den großen Horhausener Priesterpersönlichkeiten. Eine Gedenkstätte und eine Straße sind ihm gewidmet.

13

In Oberlahr gilt das Kölner Hirtenwort

OBERLAHR Im Zentrum des idyllischen Dorfes an der Wied steht die katholische Kirche St. Antonius mit ihren markanten neugotischen Formen. Der Kirchplatz wurde aufwändig mit dem Dorfbackes zu einem attraktiven Ortsmittelpunkt gestaltet. Schon in romanischer Zeit besaß Oberlahr ein Gotteshaus, der Ort war aber Filiale des Kirchspiels Asbach. Die katholische Oberlahrer Pfarrkirche St. Antonius Abbas ist ein Neubau von 1876 in neugotischen Formen.[1] Die zuvor abgebrochene Kirche war ein kleiner einschiffiger Bau mit Westturm und verputztem Bruchstein gewesen.

Beschreibung

Ihr schwerer ungegliederter Westturm wurde wohl schon im 12. Jh. errichtet. Er hatte im Obergeschoss Rundbogenfenster als Schallöffnungen. Der Weg in

1 Dehio, Georg: „Handbuch der deutschen Kunststätten", a. a. O., S.764

den mittelalterlichen Turm führt über einen Seitenturm am Kirchenschiff, mit einer sehr schmalen Steintreppe. Das Holz des Turmes ist dendochronologisch datiert worden auf 1480 und 1483, also 500 Jahre alt. Erhalten aus der früheren Kirche ist ein spätstaufischer Taufstein aus Basaltlava (13. Jh.) mit einem Durchmesser von 1 m; stehend auf sechs Säulen und verziert mit schönem Blattfries. Das Kruzifix ist eine gute Arbeit, es stammt aus dem 18. Jh. Zum Kirchenschatz gehören alte Kaseln aus dem 16. Jh. und 18. Jh. sowie eine vergoldete Strahlenmonstranz. Seit 2003 besitzt die Pfarrkirche wieder eine schöne Figur der Hl. Barbara, der Schutzpatronin der Bergleute. Die silbrig-goldfarbene Figur ist eine Schnitzarbeit aus der Eifel. Bettina Schmitz-Möllemann fertigte sie nach Fotos der gestohlenen historischen Barbarafigur.

Vier Pfund Butter für den Oberlahrer Pfarrer

Aus dem 19. Jh. existieren Fotografien[2] einer frühen, spätromanischen Oberlahrer Kirche. In einer Schenkungsurkunde des Erzbischofs Phillip von Heinsberg (Köln) an das Kölner Stift St. Pantaleon von 1183 wird auf Oberlahr verwiesen, damals schon ausgestattet mit einer Filialkirche. Die Kapelle gehörte zur großen Pfarrei Asbach gemeinsam mit Buchholz. In den folgenden Jahrhunderten trennten sich drei Pfarreien vom Kirchspiel Asbach ab: Oberlahr, Ehrenstein und Buchholz. Nach 1350 gilt Oberlahr als selbständige Pfarrerstelle, wird von einem Mönch der Kreuzherren aus Ehrenstein pfarrlich versorgt. 1477 wurde Ehrenstein eigene Pfarrei und als drittes 1835 Buchholz. Die neu gebildete Pfarrei Oberlahr hatte zur Finanzierung der Pfarrerstelle 24 Morgen eigenes Land. Davon befanden sich knapp 11 Morgen im Mehrbachtal bei Diefenau, (heute Asbacher Gemeindeteil Diefenau). In einer Chronik aus dem 17. Jh. wird berichtet, dass im Mehrbachtal an Wiesen 2 ½ Morgen und 20 Roden genutzt werden konnten, darüber hinaus an Land 7 ½ Morgen und 20 Roden. Der Pfarrer erhielt daraus als Pacht von den Bauern, die das Kirchenland beackerten, einen Malter Hafer, sowie an Münzen drei Reichsthaler und vier Pfund Butter.[3] Durch die Säkularisation 1803 wurde Kloster Ehrenstein aufgehoben. Die priesterliche Versorgung von Oberlahr wurde nunmehr von der trierischen Pfarrei Peterslahr in Personalunion geregelt.[4] Katholische Gläubige der Verbandsgemeinde Flammersfeld gehören heute entweder zum Bistum Köln oder zum Bistum Trier, je nachdem, ob sie in Horhausen oder in Oberlahr leben. Dies geht auch den Katholiken der benachbarten Verbandsgemeinde Asbach so. Die Gemeinde Neustadt (Wied) erhält den Hirtenbrief aus Trier, die Asbacher, Buchholzer und Windhagener werden vom Erzbischof aus Köln informiert.

Geschichte Oberlahr

Das Gebiet der Lahrer Herrlichkeit[5] war wegen seiner reichhaltigen Erzvorkommen früh von wirtschaftlichem Interesse. Das Oberlahrer Bergrevier ist ein Ausläufer des Siegerländer Eisenspatvorkommens. Noch bis 1941 förderten die Bergleute in der Grube Silberwiese Kupfer und Eisenerz in großen Mengen. Die Grafen von Isenburg verfügten über Rechte in der Grundherrschaft Lahr; die Grafen von Nassau-Beilstein hatten Eigentumsrechte in

2 Bitterauf-Remy, Margot: „Kunstdenkmäler des Kreises Altenkirchen“, a. a. O., S.142 ff.
3 Schäfer, Josef, zitiert aus dem Hausbuch des Hillarius Limpach, Stadtarchiv Wiesbaden 340/II/B/221
4 Busch, Gabriel: „Alte Kirchen um den Michaelsberg“, Siegburg 1986; S. 156 ff.
5 Herrlichkeit ist ein jurist. Begriff für ein selbstverwaltetes Territorium

Burglahr und die Ritter von Nesselrode, Eigentümer in Burg Ehrenstein und durch Heirat Erben der Ütgenbacher Edelleute waren in der Lahrer Herrlichkeit begütert. Daneben hatte auch Kurköln erhebliche Rechte und Besitztümer in diesem Teil des Westerwaldes. Salentin von Isenburg ist Anfang des 14. Jahrhunderts laut Gensicke[6] als einer der Großgrundbesitzer in der Lahrer Herrlichkeit nachzuweisen. Zu Salentins Lehen gehörten im Jahr 1354 neben Gefällen[7] vom Zoll in Andernach und Gütern zu Heimbach, die er neu aufgetragen hatte, auch drei Höfe zu Steinebach. Salentins Vater hatte sich „Beheltnis und Gericht" über das Gut zu Steinebach 1325 vorbehalten, als er die von Köln lehnrührige Herrschaft Lahr mit Burglahr und Oberlahr dem Erzstift verpfändete. Die Orte Urbach, Steinebach und Lahr lassen einen alten beträchtlichen Kölner Bistumsbesitz im vorderen Westerwald erkennen. Einem Großbrand am Adventssonntag 12.12.1790 fiel nahezu der gesamte Ort zu Opfer. Eichen aus dem nahen Wald zum Wiederaufbau wurden den „Abgebrannten" je nach Größe ihrer Häuser und dem entstandenen Schaden zur Reparatur oder zum Neubau zugeteilt. 200 Eichen aus den Oberlahrer Waldungen sollen dazu gefällt worden sein.

Steckbrief

Das Dorf Oberlahr liegt 7 km von der BAB A3 entfernt, Ausfahrt Neuwied/Altenkirchen. Oberlahr ist das größte Dorf der „Lahrer Herrlichkeit". Die Pfarrei Oberlahr gehört zum Erzbistum Köln.
Pfarramt Kirchstr. 3 in 57641 Oberlahr. Kirchplatz St.-Antonius-Kirche mit dem Dorfbackes.

6 Gensicke, Hellmuth: Landesgeschichte des Westerwaldes
7 Das Wort Gefälle kennen wir heute oft nur als Straßen-oder Bildungsgefälle. Wir kennen aber das Wort Gefälligkeit, dies erklärt dann „Gefälle" als erhobene Abgabe.

14

Bestimmte ein Esel den Bauplatz der Neustädter Kirche?

NEUSTADT/WIED Die neugotische Hallenkirche St. Margarita führt ihre Geschichte zurück bis ins 13. Jh. Ein Kirchspiel Neustadt (Wied) wird schon 1250 in Urkunden zur weiteren Besitzübertragung der Güter von Landgräfin Mechthild von Sayn[1] an den Kölner Erzbischof erwähnt. Die Abtei Heisterbach verzeichnete in ihrem Lagerbuch 1213 Güter in „Nuwinstat"und das Siegburger Mirakelbuch[2] von 1184 nennt auch schon ein Nuenstath. Wiewohl bei den vielen Neustadts im deutschsprachigen Raum noch nicht einwandfrei feststeht, dass es sich im Mirakelbuch nicht um ein Neustadt in den nahe Niederlanden handelte. Für das 13. Jh. muss man sich eine engere Siedlung in Neustadt/Wied aus nur wenigen Gehöften bestehend, vielleicht 5-6 Höfen und ihren Gesindehäusern vorstellen.

1 Siehe Bohn, Thomas, a. a. O.

2 Das Siegburger Mirakelbuch zählt Wunder im Mittelalter auf, die sich nach der Heiligsprechung und Umbettung 1183 des Erzbischofs Anno (Köln) zugetragen haben sollen.

Wie man den Bauplatz für die Neustädter Kirche fand

Eine Sage, wonach die edle Gräfin Mechthilde die Neustädter Kirche gestiftet hat, berichtet, wie ein Esel 1229 den Bauplatz für die im 19. Jh. niedergelegte Neustädter Kirche bestimmte[3]. Die Gräfin sagte die Finanzierung zu, doch nun erhob sich die inhaltsschwere Frage, wohin mit dem sehnlichst gewünschten Gotteshaus. Streit um den Bauplatz gab es unter den Neussendern. Sollte man es im flachen Tal errichten, dort wo wildbrausend zur Zeit der Schneeschmelze die Wasser der Wied dahin fluteten oder oben auf dem Berghang, wo der Sturmwind an Pfosten und Schindeln rütteln und dem Hause Schaden zufügen konnte? Die einen wollten die Kirche näher am Weg nach Wiedmühle oder Peterslahr sehen, die anderen eher in Richtung Höhe. Schließlich kam man übereinstimmend auf die Idee, ein Gottesurteil herbeizuführen. Des Müllers Grautier sollte eine schwere Last aufgebunden werden und er sollte ohne Führer losgeschickt werden. Zwei schwere Basaltkrotzen, durch einen Strick verknüpft, legte man über den Eselsrücken und gab dem Grautier mit der Gerte eins drüber. Wo der Esel dann seine unbequeme Last abwerfen würde, da sollte das neue Kirchlein erbaut werden. Der Esel ging weder in Richtung Stall, wo leckeres Heu auf ihn wartete, noch in Richtung Wiedufer, wo frisches Gras spross. Er marschierte den Hang hinauf. Schon freuten sich alle, welche den Berg als kühnen Bauplatz auserkoren hatten. Mitten im Hang unterbrach das wackere Tier aber seinen Schritt, schüttelte sich und warf die Steine ab. So ward der Bauplatz festgelegt. In der Ortsgeschichte von Neustadt (Wied) wird erwähnt, dass Graf Heinrich III. von Sayn auf einer Anhöhe 1229 eine neue Kirche in Neustadt bauen ließ.[4] Der Graf sicherte die Finanzierung der notwendigen Pfarrerstelle mit dem Erlös aus einem Niederhammersteiner Weinberg, „Neustatter Weingarten" so der Gemarkungsname. Neustadt war vor 1200 thüringisch-bilsteinischer Besitz und durch die Heirat des Heinrich III. von Sayn mit Mechthild von Landsberg (Thüringen) erst im 13. Jh. im Saynischen Besitz. Ab 1247 bestimmte wieder die nun verwitwete Gräfin. 1254 stiftete Witwe Mechthild die Einnahmen der Kirchengemeinde aus der Liturgie, dem Zehnt und dem Patronatsrecht dem Kloster Heisterbach, soweit nicht der örtliche Pfarrer den Zehnt besaß. Die Abtei Heisterbach stellte dadurch später die Priester, der gesamte Zehntertrag aus der Pfarrei Neustadt floss nach Heisterbach. Nach der Säkularisation wurde 1805 amtlich festgestellt, dass der jährliche Zehnt 1.500 Reichstaler und 23 Silbergroschen betragen hatte. Nach der Beschlagnahme allen Kirchenbesitzes (Säkularisation) durch den Staat ging der Zehnte an die weltliche Regierung. Drei Heisterbacher Mönche, die in Neustadt als Geistliche in der langen Patronatsgeschichte zwischen 1230 und 1803 wirkten, wurden zu Äbten gewählt.[5]

Mönche queren den Pfaffenbach

In der Überlieferung ist der Weg, den die Mönche von Heisterbach nach Neustadt genommen haben sollen, erhalten geblieben. Ein sich über sieben Kilometer erstreckendes Mühlental zwischen den Orten Windhagen und Etscheid heißt Pfaffenbachtal, angeblich, weil hier die Mönche, vom Siegkreis her kommend, die Furt nach Neustadt querten.

3 Fischer, Helmut: „Sagen des Westerwaldes", Montabaur 1983, S. 99
4 Neu, Heinrich; Weigert, Hans: „Kunstdenkmäler der Rheinprovinz", Kreis Neuwied; Bonn 1940; S. 274 ff.
5 Kraus, Gottfried: „Quellen zur Geschichte der Pfarrgemeinde Neustadt/Wied und dem Patronat Heisterbach", in: Neustadt/Wied, Heimat im Wandel der Jahrhunderte; Siegburg 1985; S. 44 ff.

Ein Opferstein eines Soldaten der 22. römischen Mainzer Legion aus dem 3. Jh. wurde bei der Renovierung 1971 entdeckt und dient als Sockel für die Statue der Kirchenpatronin St. Margarita.

Beschreibung

Die im Mittelalter gebaute und Mitte des 19. Jh. niedergelegte Pfarrkirche stand auf einer Anhöhe, nahe dem heutigen Neustädter Dorfmuseums. Ein Friedhof umgab diese Stätte. 1852 war die alte Kirche baufällig. Das frühere Amtsgebäude des 1970 aufgelösten Amtes Neustadt wurde danach auch mit den Steinen der abgebrochenen Kirche gebaut. Die neugotische Hallenkirche St. Margarita wurde nunmehr an der Wiedtalstraße in unmittelbarer Nähe des neuen Friedhofes errichtet, durchgesetzt vom Ortspfarrer gegen massiven Widerstand der Gläubigen, die es im 19. Jh. wagten, eine Unterschriftenaktion zu starten und über 400 Unterschriften einsammelten. Erbaut wurde sie 1869-73 mit quadratischem Westturm von Baumeister Wilhelm Merl aus Sayn. Der gratgewöbte Innenraum wurde über schlanken Achteckpfeilern ausgebildet. Hubert Schöllgen malte 1928 erstmals das Innere aus. Erhalten blieb ein 94 cm hoher Taufstein aus dem 14. Jh. Gegen Ende des 2. Weltkrieges beschädigten zwei Bombentreffer das Kirchengebäude, es wurde nach 1948 renoviert und dabei hell ausgemalt.1962 wurden das Retabel des Hochaltars und der Kanzeldeckel entfernt. Nach 1969 wurde das gesamte Gotteshaus einer Totalrenovierung unterzogen. Die Ausmalung der Kirche erfolgte in altweißem Farbton, die Pfeiler wurden in einem weichen Sandsteinrot abgesetzt. Vor dem Chorraum steht ein Stein aus einer römischen Tempelanlage. Es ist unbekannt, wie der Stein nach Neustadt gefunden hat. Grabplatten des Junkers Gilbrecht Schütz von Holzhausen, Vogt zu Panau 1539 und der Katharina von Kaan, genannt Räuber, Witwe des Junkers Gilbrecht Schütz von Holzhausen von 1552.

Steckbrief

Neustadt/Wied hat eine Autobahn-Abfahrt an der A3. Gut zu erreichen auch von Asbach, Altenkirchen oder Neuwied über Landestraßen. Kirche in der Ortsmitte.

15

Asbacher Gotteshaus dreimal neu gebaut

ASBACH In kräftigem Öckergelb gestrichen, den Vorplatz neu gestaltet, lädt die katholische Pfarrkirche St. Laurentius im Herzen der Großgemeinde Asbach zum Besuch. Es ist die dritte Kirche, die im Laufe von 800 Jahren an dieser Stelle errichtet werden musste. Ehe im Ort Asbach 1230 die Pfarrkirche gebaut wurde, war Uetgenbach der pfarrliche Mittelpunkt mit Kirche und Friedhof.[1] 1230 wurde eine dreischiffige romanische Pfeilerbasilika errichtet, deren viergeschossiger, mit Lisenen und Rundbogenfriesen gegliederter Westturm erhalten blieb. Das Mauerwerk besteht teilweise aus Bruchstein, die Eckquaderung wurde mit Basaltlava hergestellt. Der Turm ist ohne Helm 21 m hoch. Die Herren von Uetgenbach bezahlten die Pfarrerstelle, wobei der Geistliche zugleich als Schreiber und Verwalter fungierte, wie es im Mittelalter für viele Ortspfarrer ohne Pfründe üblich war. Das erste Asbacher Kirchenschiff wurde Mitte des 19. Jh. aus Altersgründen abgebrochen. Zwischen 1866 und 1870 baute Vincenz Statz[2] das 2. Gotteshaus. Dieses wurde im Frühjahr 1945 von Bomben und Granaten derartig zerstört, dass 1951 zum dritten Mal ein neues Bauwerk eingeweiht wurde.

1 Kramer, Julius: „Asbach im Laufe der Jahrhunderte", in: Maaßen, Franz: „Kirche und Pfarre St.Laurentius Asbach", Siegburg 1951; S.1
2 Statz, Vincenz, s. auch Rheinbrohl, Windhagen oder Niedermühlen.

Asbacher Kirche hatte reiche Pfründe

Kölns Erzbischof Anno begüterte 1064 die von ihm gegründete Abtei St. Michael reichlich im Kirchspiel Asbach, was Erzbischof Rainald von Dassel 1166 erneut bestätigte. Erzbischof Philipp von Heinsberg wiederum bestätigte dem Kölner Kloster St. Pantaleon 1183 den Rodungszehnten in Asbach heben zu dürfen.[3] Im Jahr 1250 gehörte Asbach zu den Lehensgütern, die Mechthild von Sayn dem Kölner Erzbistum endgültig verkaufte. Dadurch kam die Pfarrei Asbach kirchenrechtlich zum Erzbistum Köln. 1230 wurde eine dreischiffige romanische Pfeilerbasilika[4] errichtet, deren viergeschossiger, mit Lisenen und Rundbogenfriesen gegliederter Westturm erhalten blieb., das Mauerwerk teils aus Bruchstein, Eckquaderung mit Basaltlava. Der Turm ist ohne Helm 21m hoch. Aus einer Niederschrift über eine Zehntbegehung 1668[5] kurkölnischer Beamter zusammen mit dem Pastor von Asbach ergibt sich, das die Pfarrei Asbach eigenes Land besaß, das aus dem kurkölnischen Land herausgenommen worden war. Aus diesem eigenen Land, den Wiesen, Wäldern und Fischteichen erhielt der Asbacher Pfarrer weitere erhebliche Einnahmen, zusätzlich zum sehr ergiebigen Pastorenzehnt. Das Kirchenland war über die ganze Asbacher Pfarrei verteilt. Die Pfründe einer Kirche zu besitzen, war bis 1803 oft der Grund, dass sich einflussreiche Geistliche, zuweilen auch nur Laien, zum Asbacher Pastor ernennen ließen.

Die Kirche wurde von 1946-51 wieder aufgebaut.

Granate trifft Am 11. März 1945 tragenden Pfeiler

Beim Kampf um die Brücke von Remagen schlug am Nachmittag, 11. März 1945 eine schwere Granate in den Asbacher Kirchturm, fiel durchs Gewölbe ins Innere der Kirche, riss eine tragende Säule fort und explodierte. Durch den Luftdruck wurden Fenster und Türen herausgerissen, der größere Teil des Gewölbes stürzte ein und die Mehrzahl der Bänke wurde unter Schutt begraben. Bis zum 25. März 45 erhielt die Kirche noch weitere Treffer, dann besetzten amerikanische Truppen Asbach[6].

Beschreibung

Architekt P. Krücken (Köln) entwarf den Wiederaufbau einer veränderten zweischiffigen Kirche unter Einbeziehung der noch gut erhaltenen Längsmauern. Der Wiederaufbau ging

3 Clemens, Paul; Zimmermann, Walther: „Kunstdenkmäler des Kreises Neuwied ...“, a. a. O., S. 62
4 Dehio, Georg: „Handbuch ...“, a. a. O., S. 47
5 Büllesbach, Werner; Lind, Ulf; Weiß, Horst: „Niederschrift einer Zehntbegehung im kurkölnischen Kirchspiel Asbach 1668/69“, Hennef 2009
6 Maaßen, Franz: „Kirche und Pfarre St.Laurentius Asbach“, Siegburg 1951; S. 63 ff

von 1946-1951. Die Nachkriegsinflation und die Währungsreform entwerteten die gesammelte Bausumme von 300.000 Reichsmark bis auf 6%. 1989 wurde der Nachkriegsbau mit einem Aufwand von 375.000 Euro vollständig renoviert, die Kirche farbiger und heller gestrichen. Im Hauptschiff befindet sich ein aufgearbeitetes altes Missionskreuz. Das Hängekreuz des Künstlers Dreher wurde im Bogen des Seitenaltarbereichs platziert. Die neue Orgel wurde 1991 (Kosten 475.000 Mark) angeschafft. Sehenswert ist ein Gemälde des hl. Laurentius von 1687.

Auf dem Wiesengelände wurden alte Grabsteine des ausgelassenen Friedhofs aufgestellt.

Bild rechts: Erhalten blieb ein spätromanischer Taufstein, von sechs Säulen umstellt.

Steckbrief

Nördlich der Gemeinde Asbach verläuft die B 8 von Limburg nach Siegburg. Autobahnabfahrt ist Bad Honnef/Linz A 3. Pfarrbüro in der Wallstraße. Eine Bronzeplakette beschreibt die historische Wallanlage. Die Asbacher Kirche wurde in die Wallanlage hineingesetzt. Noch in den 1970er Jahren wurde einer der hohen Erdwälle als Spazierweg des Pfarrers fürs nachmittägliche Brevierbeten benutzt. In Asbach befand sich nach Meinung von Historikern, die sich mit der römischen Militärgeschichte befassen, ein römisches Etappenlager. Es habe an einer alten Heerstraße gelegen. J. Schneider veröffentlichte 1877 in der Monatsschrift für rheinisch-westfälische Geschichtsforschung und Alterthumskunde den Aufsatz: „Das römische Lager zu Asbach" eine Beschreibung eines römischen Feldlagers[7]. Dazu veröffentliche er eine Zeichnung des Neuwieder Königl. Kreisbaumeisters Thon, die er mittels einer Verfügung der Koblenzer Königl. Regierung anzufertigen hatte. Schneider beschreibt Reste einer inneren Umschließung, von der der doppelte Wall und der Graben geblieben seien. Ein Oberstleutnant Schmidt habe schon die Verschanzung zu Asbach gekannt und für ein römisches Lager gehalten. Der Asbacher Heimatforscher Dr. Julius Kramer schreibt die Wallanlage der fränkischen Besatzungszeit um 700 n. Chr. zu. Er kannte persönlich 1950 in Asbach noch „respektable Teile" einer Erdbefestigung, die er als „von einer äußeren Macht geschaffen" beschreibt. Er veröffentlichte dazu auch im Heimatkalender des Kreises Neuwied 1951. Leider hat die Gemeinde Asbach das Bodendenkmal nur unzureichend gesichert.

7 Pick, Richard: „Monatszeitschrift für rheinisch-westfälische Geschichtsforschung und Alterthumskunde", 3. Jg., Bonn 1877 , S. 490

16

Kirche Zentrum und Mitte des Ortes

LIMBACH (ASBACH) Das Wahrzeichen von Limbach ist die 1899 als Nachfolgebau errichtete, neugotische katholische Rosenkranzkirche. Limbach ist heute ein Ortsteil der großen Gemeinde Asbach. Die St. Jakobus- und Rosenkranzkapelle im Jahr der deutschen Revolution 1848 gebaut, musste schon 1889 erneuert werden. 1865 war das Limbacher Gotteshaus zur Rektoratskirche aufgewertet worden, blieb aber dennoch ohne eigene Pfarreirechte. Nach dem Kirchenrecht der katholischen Kirche wird dem Rektor eine Kirche übertragen, die weder Pfarr- noch Kapitelkirche ist. Der Rektor untersteht direkt dem Diözesanbischof, der ihm den ihm zukommenden Aufgabenbereich zuweist. Dies betrifft Gottesdienste und andere Amtshandlungen, die allerdings auch mit dem Ortspfarrer abgestimmt werden.

Beschreibung

Schon 1868 wurde die alte Kapelle verlängert, 1889 neu gebaut. Weigart und Neu[1] nennen einen Baumeister von Brill (Essen) als Architekten. Die etwa 300 Jahre alte Barockorgel wurde den Limbachern 1894 gestiftet. Sie stand bis dahin in der Asbacher Kirche, war aber für den dortigen Nachkriegsneubau zu kleinvolumig. Sie ist zum größten Teil noch mit originalen Bauteilen erhalten. Erwähnenswert ist auch der Tabernakel. 1974 wurde er vom Waldbreitbacher Künstler Helmut Rams geschaffen. Sehr lohnenswert ist ein Besuch der jährlich aufgebauten internationalen Weihnachtskrippe.

Blick in die erhaltene historische, neugotische Kirche.

Steckbrief

Durch Limbach führt eine Landesstraße von Asbach nach Altenkirchen. 893 wird der Name Limbach erstmals urkundlich erwähnt, der Ort scheint aber noch viel älter zu sein. Eine Honschaft Limpach wird um das Jahr 1000 genannt. Der Ort wurde bei napoleonischen Revolutionskriegen zwischen österreichischen und französischen Truppen 1792 bis 1797 arg in Mitleidenschaft gezogen. Limbach hat etwa 600 Einwohner.

1 Neu, Heinrich; Weigert, Hans: „Limbach", in: „Die Kunstdenkmäler des Kreises Neuwied", Düsseldorf 1940; S.214

17

Geyr zu Schweppenburg siedelt Katholiken an

Heute eine Besonderheit im protestantischen Altenkirchener Land – die kath. Pfarrkirche St. Joseph in Weyerbusch.

WEYERBUSCH Im mehrheitlich vom evangelischen Glauben geprägten Südteil des Kreises Altenkirchen steht mitten im Raiffeisenort Weyerbusch die katholische Pfarrkirche St. Joseph, ein neugotischer Saalbau, Ende des 19. Jh. aus Bruchstein errichtet. Der Neubau einer katholischen Pfarrkirche in Weyerbusch steht in ursächlichem Zusammenhang einerseits mit der Säkularisation und andererseits mit dem Erwerb des aufgelassen Klosters Marienthal durch den Unkeler Baron von Geyr. Der katholisch gläubige von Geyr zu Schweppenburg avancierte im 19. Jh. zum Großgrundbesitzer im Altenkirchener Land und reimportierte den Katholizismus in diese Region. 1803 fiel die Wallfahrtsstätte, das Franziskanerkloster Marienthal ins Eigentum des preußischen Staates. Wie überall versuchte der preußische Fiskus das ehemalige Kircheneigentum meistbringend zu veräußern. Schon am 19.02.1813 wurde ein Räumungsbescheid für den Franziskanerorden erlassen. Patres und Brüder mussten das Kloster verlassen. Preußen suchte lange vergeblich nach einem Käufer und ließ Marienthal[2] zunehmend verfallen. 1827 schrieb die königlich-preußische Regierung den Verkauf des Klosters dann auf Abbruch aus. Die 1.800 Pfund schwere Kirchenglocke der

2 Seit 1892 wirken hier wieder Franziskanermönche.

ehemaligen Wallfahrtskirche Marienthal wurde 1828 vom preußischen Finanzamt an die St. Florinskirche in Koblenz verkauft. Erst 1836 war endgültiger Versteigerungstermin. Dem damaligen Altenkirchener Pfarrer Köppchen glückte es, den Unkeler Freiherrn von Geyr für den Kauf der Klosteranlage im Versteigerungstermin zu interessieren. Marienthaler Bürger und der Baron ersteigerten für 1.315 Taler die Klosteranlage Marienthal mitsamt der Kirche. Neubesitzer Geyr von Schweppenburg renovierte teilweise die Klosteranlage, verkleinerte die Kirche und stattete sie wieder mit Einrichtungsgegenständen aus. Am 03.10.1853 übergab Baron von Geyr[3] das wiederhergestellte Kloster dem Erzbischöflichen Stuhl zu Köln. Hierbei machte er zur Bedingung, dass in Marienthal immer Ordensgeistliche einziehen und seelsorgerische Aushilfe in den benachbarten Gemeinden leisten sollten. Der Freiherr verwaltete seine Weyerbuscher Liegenschaft von seinem Wohnort Unkel aus. Von Geyr (1793-1873) in kinderloser Ehe mit Eva Lyversberg verheiratet, fand in Unkel seine letzte Ruhestätte.

Baron Schweppenburg rekatholiziert Weyerbusch

Da in den Dörfern um Weyerbusch im 19. Jh. viele verarmte Bauern lebten, die ihren Besitz nicht mehr halten konnten, kaufte der reich begüterte Baron Geyr von Schweppenburg nach seinem Engagement in Marienthal nunmehr alles Land auf, was er bekommen konnte. In den Dörfern schuf er kleinere Höfe, die er alle nur mit katholischen Pächtern besetzte, die meist von auswärts kamen. In der nahezu 100 % protestantischen Bürgermeisterei Weyerbusch wuchs dadurch allmählich die Zahl der katholischen Bürger. In der Ortsmitte Weyerbuschs befand sich die ehemalige Thurn- und Taxis'sche Poststation. 1840 erwarb Baron von Geyr das stattliche Hofgut. In ihm ließ er einen Andachtsraum für die von ihm beschäftigten katholischen Bauernfamilien einrichten. Die seelsorgerische Betreuung übernahmen Geistliche aus dem wieder erstandenen Kloster Marienthal. Da der Baron nur Katholiken auf seinen Neuerwerbungen beschäftigte, war der bereit gestellte Andachtsraum für Gottesdienste zu klein geworden. Der Bau einer kleinen katholischen Kirche in Weyerbusch als zentralem Ort wurde notwendig. Nachfahren der Weyerbuscher Familien Georg Bischof und Christian Hörder verkauften dem Freiherrn von Geyr ihre ererbten Häuser mit dem dazugehörigen Grund und Boden als Baugrund für eine katholische Kirche und das Bistum Köln stimmte dem Bau einer Kirche zu. Bereits 1863 war Grundsteinlegung an der Kölner Straße und 1864 wurde die Kirche eingeweiht. 1897 schenkten die

3 Familienmitglieder der von Geyr zu Schweppenburg hatten im Laufe der Geschichte bedeutende Ämter im Kurfürstentum Köln bekleidet, wurden in den Reichsritterstand erhoben. Es war Familientradition, sich aktiv für den katholischen Glauben einzusetzen.

Erben des Freiherrn der katholischen Kirchengemeinde Weyerbusch noch ein geeignetes Grundstück zum Anlegen eines Friedhofes. Alle ehemaligen Ländereien und Häuser im Altenkirchener Land des Großgrundbesitzers Geyr von Schweppenburg wurden von seinen Erben, soweit sie nicht in den Besitz des Erzbistums Köln übergegangen waren, nach 1875 verkauft. Der Name des Freiherrn von Geyr ist daher heute in Weyerbusch kaum noch bekannt. Im März 1945 wurde Weyerbusch durch Bomben zu 90% zerstört. Wie durch ein Wunder blieb die Kirche verschont und so steht sie noch heute.

Wertvolle Holzkunst: Szenen von Geburt und Tod Christi.

Steckbrief

Weyerbusch liegt zwischen Altenkirchen und Eitorf an der Bundesstraße B 8. Von 1845 bis 1848 war Friedrich Wilhelm Raiffeisen Bürgermeister in Weyerbusch. Die katholische Kirche liegt an der Kölner Straße, der Hauptstraße, die durch Weyerbusch führt.

18

Auferstehungskirche thront hoch über der Wied

SCHÖNEBERG Stattlich prangt die Schöneberger evangelische Pfarrkirche auf einer Anhöhe über der Wied. Nähert man sich dem schmucken Bauwerk vom Wiedufer her, springt einem zuerst das Straßenschild „Schlossweg" ins Auge. Dennoch stößt man nicht auf Ruinen oder Schlossmauern.

Geschichte

Im Hochmittelalter hatte das Koblenzer Stift St. Florin in Schöneberg Grundeigentum und Zehnteinkünfte. In der 2. Hälfte des 12. Jh. wurde die erste Kirche gebaut. Sie war einschiffig. Die Wände waren in braunroter Farbe bemalt mit Figuren des Heiligen Petrus und des St. Jakobus. 1249 stattete Mechthild von Sayn das von ihr gegründete Zisterzienserinnenkloster in Herchen/ Sieg (Gemeinde Windeck) mit dem großen und kleinen Zehnten zu Schöneberg aus. Die grundherrschaftlichen Rechte verkaufte die Witwe 1250 dem Kölner Erzbischof Konrad von Hochstaden. Kölns Erzbischof Siegfried von Westerburg, ein späterer Nachfolger Konrads, verlor u. a. die Schlacht von Worringen 1288. Nun musste er 1289 Friedensverträge mit den Siegern abschließen. Allein 12.000 Mark (ca. drei Tonnen Silber) hatte er als Reparationen an den Grafen von Berg zu zahlen sowie Gebiete abzutreten. So kam die Grundherrschaft über Schöneberg an den Grafen von Berg (Düsseldorf). Es folgten als Landesherren im späten Mittelalter die

Grafen von Wied. 1489 kam Schöneberg in die Landesherrschaft Sayn. Von 1671 bis 1799 gehörte Schöneberg zur Grafschaft Sayn-Hachenburg. Seit dem 16. Jh. bestand in Schöneberg, das zu dieser Zeit zur Landesherrschaft der Grafen von Sayn gehörte, eine evangelische Gemeinde.[1] Die Kirche wurde zusätzlich zur Schlosskirche eines Saynischen Jagdschlösschens.[2] 1854 fiel die mittelalterliche, romanische Kirche einem dramatischen Großbrand zum Opfer und musste niedergelegt werden.

Schloss

Eine frühe Urkunde für 1501 belegt, dass in Schöneberg ein kleines Schloss stand, auch „Haus Schöneberg" genannt. Im Jahr 1685 wird das Schloss beschrieben mit „zwei großen Gemächern und 14 kleineren Kammern, einem Obergeschoss und einem Keller". Durch Umbauten Anfang/Mitte des 18. Jahrhunderts wurde das Schloss in ein Jagdschloss umgewandelt und wird 1794 zuletzt erwähnt.

Dorf und Kirche brennen – Bauen feiern Steimeler Markt

Im Jahr 1854 brach zu Schönebergs Unglück ein Feuer aus. Über die Hälfte des Dorfes brannte ab, darunter die alte romanische Kirche, das Pfarrhaus und 19 Häuser. „Der 23. Mai 1854 wurde der Schicksalstag Schönebergs. Fast alle Männer waren an diesem sonnigen und warmen Dienstag auf dem Steimeler Markt, dem größten Markt im weiten Umkreis, und von Schöneberg aus ist er in gut zwei Stunden zu Fuß zu erreichen. Die Steimeler Märkte erwiesen sich als so erfolgreich, dass zwischen 1765 und 1870 vom Frühjahr bis zum Herbst alle 14 Tage ein Markt in Steimel stattfand. Die Markttradition setzte sich bis in die siebziger Jahre des vorigen Jahrhunderts fort. Es wurden hauptsächlich Erzeugnisse aus bäuerlicher und handwerklicher Tätigkeit sowie bäuerliche Bedarfsgegenstände gehandelt, später kam der Handel mit Vieh hinzu. Der Markt stand unter dem Schutz der Grafen zu Wied, für diese waren die Marktabgaben eine Einnahmequelle. Plötzlich brach am 23. Mai 1854 in der Mitte Schönebergs Feuer aus, und bei starkem Südwestwind standen binnen einer Viertelstunde alle Gebäude in Windrichtung in Flammen. Mit Mühe konnte von den Zurückgebliebenen, meist Frauen und Kinder, das Vieh und etwas Hausrat gerettet werden, alles andere jedoch verbrannte. Da auch die Kapelle Feuer gefangen hatte, hielt das Brandgeläut nicht lange an, die drei Glocken stürzten zu Boden und schmolzen.

1 Bitterauf-Remy, Margot: „Schöneberg" in: „Die Kunstdenkmäler des Kreises Altenkirchen", Düsseldorf 1935; S.150 ff.
2 Katzwinkel, Erwin: „Beiträge zur Geschichte unseres Gotteshauses" in: „Unsere Schöneberger Kirche wird 100 Jahre alt", Schöneberg 1965

Die Nachricht des Brandes verbreitete sich trotzdem in Windeseile. Als in Steimel die Nachricht eintraf, eilten die Männer sofort nach Hause, doch sie kamen zu spät; über die Hälfte des Dorfes war trotz der nahen Wied in Schutt und Asche gesunken. Ein Augenzeuge schreibt in seinen Familiennachrichten, dass ,,19 Häuser, darunter auch das Pfarrhaus und die Kirche ...", den Flammen zum Opfer fielen.[3]

Beschreibung

Nachdem die romanische Kirche 1854 den Flammen zum Opfer gefallen war, wurde in den Ruinen eine Notkirche eingerichtet. Der Paderborner Baumeister Hermann Vogeler entwarf eine einfache Bruchsteinkirche in zeittypischen Formen des Rundbogenstils.[4] Die Bauanlage bestand aus einem fünfachsigen Langhaus mit halbrunder Chorapsis im Osten und einem in das Kirchenschiff eingezogenen Westturm, der aber nicht lange stand. Ursprünglich besaß das aufgehende Trachytmauerwerk keinen Verputz. 1864 wurde der Grundstein für die heutige Kirche gelegt. Mit tatkräftiger Unterstützung der Pfarrangehörigen konnte mit einem Neubau begonnen werden. Beim Bau des Kirchturms 1865 hatte man mit besonderen Schwierigkeiten fertig zu werden. War man bei den Erdarbeiten zur Gründung des Fundaments auf die unterirdischen Reste des Schlosses gestoßen? So musste der Turm in ungewöhnlich großer Tiefe gegründet werden. Und prompt musste der Turm 1874 baupolizeilich gesperrt und danach abgetragen werden. Nach über 30 Jahren, wurde 1906 mit dem Bau eines neuen Turmes begonnen, er wurde nun vor das Langhaus gestellt. Der Turmstumpf des ehemaligen Turmes wurde zur Sakristei umgebaut. Trotz der beiden Weltkriege musste das Gotteshaus seine Glocken nicht abgeben. Die Kirche läutet seit den 1870er-Jahren mit Stahlglocken, in Bochum gezogen. Die Oberlinger Orgel wurde bei der letzten Innenrenovierung 1970 eingebaut.

Steckbrief

Schöneberg – vier Kilometer südwestlich der Stadt Altenkirchen. Nahe der B 256. 1 km östlich von Neitersen. Bergbau in Schöneberg ist seit 1847 belegt. Ev. Kirchengemeinde Schöneberg, Hauptstraße 9, 57638 Schöneberg.

3 ebd. S.10
4 Franzen, Werner: „Gottesdienststätten im Wandel"; a. a. O., S. 630 ff.

19

Im Nationalsozialismus wird der Kircheiber/ Asbacher Pfarrer evangelischer Bischof

KIRCHEIB Einsam und weithin die Landschaft beherrschend, vom ehemaligen Friedhof umgeben, steht die evangelische Pfarrkirche, eine romanische Pfeilerbasilika aus dem 12. Jh. als echte Dorfschönheit auf einem Bergrücken in Kircheib.

Beschreibung

Der Turm wurde im 18. Jh. auf der Süd- und auf der Westseite ummantelt, daher wird fälschlicherweise das Bauwerk gerne als Wehrkirche des Mittelalters bezeichnet. Die gewaltigen Wandvorlagen des Turms sind späte Zutaten des 18. Jh. Sie wurden aus statischen Gründen gemauert, um das im Jahr 1700 mehr und mehr verfallende Mauerwerk zu stützen. Militärisch machte ein Bauwerk als Flucht- und Verteidigungstätte an einem so markanten und leicht zu belagernden Punkt keinen Sinn. Westturm, Chorquadrat und Apsis staffeln sich von Osten nach Westen. Chor und Apsis sind gestaltet mit Rundbogenfries, die Apsis

außerdem mit Lisenen.[1] Das Langhaus hat eine erneuerte Flachdecke. Das durch kleine Rundbogenfenster belichtete Mittelschiff ist in je drei Pfeilerarkaden zu den Seitenschiffen geöffnet. Der Altarraum (Chor) der dreischiffigen Basilika wird von einem Kreuzgratgewölbe überdeckt, das schon Anfang des 13. Jh. gemauert wurde. Die Kirche wurde 1902 mit finanzieller Unterstützung des preußischen Staates und des Gustav-Adolf-Vereins renoviert.[2] Die basilikale Erscheinung des Langhauses wurde dabei wieder hergestellt und ein Teil der Turmummantelung wieder weggenommen. Das Grauwackegemäuer wurde sichtbar gemacht. Die Ausmalung im Chor der Kirche stammt von 1955. Restaurierungsarbeiten fanden 1956-60 und 1965-70 statt. Blickt man vom Altarraum im Osten durch den im Westen liegenden Eingangsbereich, ist der „Große Ölberg" des Siebengebirges bei klarem Wetter zu sehen. Eine Glocke stammt noch aus der Gründungszeit um 1200 und gilt als die älteste Glocke des Kreises Altenkirchen. Die Orgel wurde 1978 angeschafft, der Predigtstuhl wurde als niedrige Holzkanzel angelegt.

Geschichte

Aus dem 13. Jh. sind neben der romanischen Basilika die Reste einer mittelalterlichen Motte erhalten. In der Kirche befindet sich ein alter romanischer Taufstein (Anfang 13. Jh.) woraus sich schließen lässt, dass Kircheib eine selbstständige Kirchengemeinde mit eigener Taufkirche gewesen sein muss. Kircheib gehörte politisch zur Grafschaft des Grafen von Sayn. In der Nähe von Kircheib bei Vierwinden grenzte die Grafschaft Sayn-Altenkirchen an das Herzogtum Berg sowie an das Kurfürstentum Köln. Als Grenzort der ehemaligen Grafschaft Sayn hatte die Gemeinde ein umfangreiches Wallsystem, das z. T. heute noch sichtbar ist. Grenzpunkt war Vierwinden, ein „Dreiherrenstein" markierte die Grenze. In früheren Zeiten stießen hier die bergische, die kölnische und die

Die Kirche ist keine Wehranlage, sondern die gewaltigen Wandvorlagen des Turms sind späte Zutaten des 18. Jh.

1 Dehio, Georg: „Kircheib in Handbuch der Deutschen Kunstdenkmäler"; München 1984; S. 449
2 Das Gustav-Adolf-Werk gegründet 1832, ist das älteste evangelische Hilfswerk in Deutschland und das Diaspora-Werk der Evangelischen Kirche in Deutschland.

saynische Landwehr (Gräben und Wälle) zusammen. Heute verläuft hier die Grenze der Kreise Altenkirchen, Neuwied und Rhein-Sieg. 1561 wurde Kircheib lutherisch unter Graf Adolf von Sayn und 1589 Filiale der lutherischen Kirchengemeinde Mehren. 1605 wurde Kircheib dann calvinistisch unter Graf Wilhelm von Sayn-Wittgenstein. 1652 kam Kircheib zur Grafschaft Sayn-Altenkirchen. 1815 wurde das Land dem Staat Preußen zugesprochen, die protestantische Kirche uniert. Die evangelischen Asbacher Christen organisierten zunehmend mit den Protestanten aus Kircheib eine kreisübergreifende Kirchengemeinde. Bis dahin hatten die Asbacher Protestanten der evangelischen Kirchengemeinde Waldbreitbach angehört, von der sie sich nun lossagten.[3] 1879 wurden die Kircheiber Protestanten der Evangelischen Kirchengemeinde Asbach angeschlossen.

Asbach-Kircheiber Pfarrer Oberheid wird evangelischer Bischof

Der evangelische Theologe Heinrich Josef Oberheid wurde am 01. Januar 1933 vom Rheinischen Konsistorium zum kirchlichen Hilfsdienst der evangelischen Gemeinde Asbach-Kircheib zugewiesen. Am 11.06.1933 wurde Oberheid als Pfarrer in Asbach und in Kircheib eingeführt. Während Friedrich von Bodelschwingh im Mai 1933 zum ersten Reichsbischof der neuen Deutschen Evangelischen Kirche (DEK) nominiert wurde, engagierte sich der Asbach-Kircheiber Pfarrer neben seiner Gemeindearbeit in der NS-Parteipolitik. Zunehmend galt sein Einsatz der Glaubensbewegung „Deutsche Christen (DC)" unter Ludwig Müller. Die staatlich angeordneten allgemeinen Kirchenwahlen brachten den Deutschen Christen, von der NSDAP und Hitler unterstützt, einen überwältigenden Wahlsieg. In SA-Uniform trat Pfarrer Oberheid auf dem Land auf. Er wurde im Juni 1933 Obmann der DC im Gau Koblenz-Trier. Theologe Oberheid war überzeugt von der volksmissionarischen Notwendigkeit einer Verknüpfung des evangelisch-reformatorischen Glaubens mit dem Willen der nationalsozialistischen Bewegung. Er sah den Nationalsozialismus im Zentrum eines erneuerten deutschen Volksstaates. Am 08.07.1933 wurde er Stellvertretender Staatskommissar für kirchliche Angelegenheiten im Rheinischen Konsistorium. Oberheid profilierte sich immer mehr in zahlreichen propagandistisch aufgezogenen Veranstaltungen der DC.[4] Die Zeitung „Volkswacht für Sieg und Westerwald" nannte ihn in ihrer Ausgabe vom 17. Oktober 1933 einen Anhänger der „Freiheitsbewegung Hitlers".[5] Im Oktober 1933 wurde mit Oberheid erstmals ein evangelischer Pfarrer aus Asbach-Kircheib Bischof. Er erhielt auf Beschluss des Kirchensenats der Evangelischen Kirche der Altpreußischen Union im Oktober 1933 seine Ernennungsurkunde zum Bischof des Bistums Köln-Aachen[6]. Bischof Heinrich Josef Oberheid übernahm die geistliche Leitung der Provinzialkirche als auch den Vorsitz im Konsistorium. Nun kam es allerdings zum Widerspruch bekenntnisorientierter rheinischer Pfarrer und Gemeinden gegen den Asbach-Kircheiber Bischof, der daraufhin im Rheinland die Bezeichnung „Landespfarrer" annahm, anstelle des Wortes Bischof. Ende November 1933 ging Oberheid nach Berlin

3 Löhr, Hermann-Joseph:" Facetten evangelischer Kirchengeschichte in Waldbreitbach von 1844 bis 2009"; Waldbreitbach 2009
4 Faulenbach, Heiner: „Heinrich Josef Oberheids theologisches Examen im Jahr 1932 und das Geschick seine Prüfers Karl Ludwig Schmidt im Jahr 1933" in: Gutheil, Jörn-Erik/ Zoske, Sabine (Hrsg.): „Dass unsere Augen aufgetan werden ...", Festschrift für Hermann Dembowski, Frankfurt a. M. 1989, 57-97;
5 Volkswacht für Sieg und Westerwald, Ausgabe am 17.10. 1933; zitiert nach Faulenbach, Heiner: „ Ein Weg durch die Kirche. Heinrich Josef Oberheid", SVRKg 105, Köln 1992.
6 DC-Bezeichnung für die Rheinische Provinzialkirche.

zur Stützung des Kirchenregimes des Reichsbischofs Ludwig Müller. Oberheid und August Jäger bekamen in den nächsten Monaten bestimmenden Einfluss auf die Kirchenpolitik Müllers. Oberheid wurde am 16.02.1934 Chef des Stabes des Reichsbischofs mit Weisungsbefugnis; er war auf dem Höhepunkt seiner kirchlichen Macht und nannte sich Vikar der Deutschen Evangelischen Kirche. Die thüringische Landeskirche entließ ihn nach dem Zusammenbruch des Naziregimes am 16.06.1946 aus dem kirchlichen Dienst unter Verlust aller Ansprüche. Nach Prüfung mehrerer Pläne trat er 1950 in eine Düsseldorfer Stahlhandelsfirma ein. 1960 war er Generalbevollmächtigter des Gesamtunternehmens, eine einflussreiche Persönlichkeit der Großindustrie an Rhein und Ruhr und ein hoch angesehenes Mitglied der dem Wirtschaftsleben verbundenen Friedrich List-Gesellschaft. Er verstarb am 17.11.1977 in Düsseldorf.[7]

Die Ausmalung im Chor der Kirche stammt von 1955.

Steckbrief

Die ev. Kirchengemeinde Asbach-Kircheib hat ein Gotteshaus in Kircheib und eines in Asbach. Die Kirche in Asbach[8] wurde 1867 gebaut und erhielt 1997 ein Gemeindezentrum. Zur ev. Kirchengemeinde Asbach-Kircheib gehören die Protestanten in den rheinland-pfälzischen Ortsgemeinden Asbach, Buchholz und Kircheib. Sie verteilen sich auf 72 Orte im vorderen Westerwald. Bonn ist ca. 30 km entfernt, Neuwied 40 km und Altenkirchen 25 km. Kircheib ist ein Straßendorf an der Bundesstraße B 8 zwischen Hennef und Altenkirchen.

7 Faulenbach, Heiner: „Ein Weg ...“, ebd.
8 Die ev. Kirche in Asbach wird in Band III der Buchreihe „Ein Stück Himmel aus Stein“ vorgestellt.

20

Eisenbahnbaumeister entwarf evangelische Kirche

EITORF Unentgeltlich entwarf der einheimische Eisenbahnbaumeister Vorländer, Mitglied der evangelischen Kirchengemeinde in Eitorf 1862 die Baupläne für den Bau einer ersten evangelischen Kirche, die 200 Besuchern Platz bieten sollte. Die Revision der Baupläne sowie die örtliche Bauleitung übernahm der Siegburger Kreisbaumeister Brandenburg. Die evangelische Kirche wurde als zweigeschossiger, dreijochiger Bau im neugotischen Stil mit fünfseitigem Chorschluss und Glockentürmchen über dem Eingangsgiebel in den Jahren 1862/63 errichtet. 1863 wurde Kirchweih gefeiert. Der Bau des Ziegelsteingebäudes wurde im Wesentlichen vom Gustav Adolf-Verein[1] finanziell gefördert.

Geschichte

Schon seit seit dem 17. Jh. waren evangelische Gottesdienste in der Sieggemeinde gefeiert worden, aber das Feiern musste bis ins 19. Jh. hinein heimlich erfolgen. Eitorf war vor dem Jahr 1000 im Besitz des Pfalzgrafen, der diese Gemarkung dem Bonner Stift Vilich als Lehen schenkte. Vilich erhielt neben dem umfangreichen Besitz auch die örtlichen Gerichtsrechte. Später fielen die Siedlungen im Eitorfer Raum ans Herzogtum Berg. Das Amt Blankenberg verwaltete sie. Mit dem Übergang Eitorfs an den preußischen Staat 1815 zogen zunehmend evangelische Christen nach Eitorf. Ab 1851 fanden offizielle Gottesdienste der evangelischen Christen in einem angemieteten Betsaal statt. Zehn Jahre später stand der Bau einer eigenen Kirche fest. 1887 wurde dann Eitorf zur eigenständigen evangelischen Kirchengemeinde mit Pfarrer und Presbyterium.

Beschreibung

Das Erdgeschoss der Kirche wurde in Haustein ausgeführt, das Obergeschoss in gelbem Ziegel mit Bänderung und Gliederung in rotem Klinker. Der Kirchensaal im Obergeschoss wurde erst 1894 auf seine heutige Länge hin erweitert und mit einer Orgelbühne versehen. Seit 1985 ersetzt eine zweigeschossige Vorhalle die ehemalige Freitreppe an der Westseite des Hauses. Von Kriegszerstörungen blieb das evangelische Gotteshaus weitgehend verschont.[2] Nach dem 2. Weltkrieg wurde das Erdgeschoss zu einem großen Gemeindesaal mit Nebenräumen umgebaut.

Steckbrief

Evangelische Kirchengemeinde, Gemeindeamt Eitorf, Bahnhofstr. 17, Eitorf.

1 Das Gustav-Adolf-Werk ist das älteste evangelische Hilfswerk in Deutschland.
2 Franzen, Werner: „Gottesdienststätten im Wandel", Evangelischer Kirchenbau im Rheinland 1860-1914, 2 Bde.; Bd. 2, Düsseldorf 2004, S. 599 ff.

21

Eitorfer Wahrzeichen durch Bombentreffer zerstört

EITORF Die katholische dreischiffige Eitorfer Hauptpfarrkirche St. Patricius wurde 1881 im Herzen der Stadt nicht nur neu, sondern auch an anderer Stelle als ihr historischer Vorgängerbau errichtet.

Geschichte

Der Ort Eidtorph wurde im Hochmittelalter Verwaltungssitz der Vilicher Klosterkellerei[1] und erhielt eine Taufkapelle. Im Jahr 1144 bestätigte die Kanzlei des deutschen Königs Konrad III. dem Bonner Kloster erneut den Besitz an „Villa Eidtorph“. Im Jahre 1145 schenkte Graf Gerhard von Bonn auf seinem Krankenbett in der Siegburger Abtei St. Michael der Abtei seine Eigenkirche zu Eitorf und die Hälfte seines Allods zu Eitorf. Damit war die Abtei Siegburg ebenfalls in Eitorf begütert. Graf Gerhards Nachfolger, Graf von Sayn erweiterte wohl im 12. Jh. die große Kirche in Eitorf. 1167 weihte Erzbischof Philipp von Heinsberg (Köln) eine neue gräfliche Kirche in Eitorf ein und weihte sie dem Patrozinium

In der Kirche befindet sich eine große Plastik der 12 Apostel.

von Johannes Baptist (Joh. der Täufer). Für damalige Verhältnisse war es eine sehr große Pfarrkirche. Im 17. Jh. erhielt Eitorfs Kirche den hl. Patricius als neuen Schutzpatron. Das Langhaus am Marktplatz musste dann 1891 abgebrochen werden. Der verbleibende romanische Turm, nunmehr allein am Marktplatz stehend, war über 21 Meter hoch und

1 Vergl. „Geschichte bei Ev. Kirche Eitorf“.

hatte eine Seitenlänge von acht Metern. Nach dem Abbruch der alten Kirche blieb der Turm zunächst als Glockenturm für die im Bau befindliche neue Kirche stehen, später als Wahrzeichen der Stadt Eitorf, wurde aber leider gegen Kriegsende 1945 zerstört.

Beschreibung

Die neugotische, dreischiffige Bruchstein-Basilika wurde 1884 konsekriert. Architekt war A. Lange, der die Pläne 1882-84 umsetzte. Er gab der Kirche einen vorgesetzten Westturm, der allerdings erst 1908 fertig wurde. Die Apsis ist dreiseitig. 1951/52 wurde die Kirche vollständig renoviert. Der staufische (12.Jh.) alte, büttenförmige Taufstein aus Andesit ist mit einem kleinen Rundbogenfries verziert. Er stammt noch aus der alten Kirche. Der Taufstein hat große Ähnlichkeit mit dem Taufstein der Doppelkirche Schwarzrheindorf, woraus man eine zeitliche Nähe schließen kann. das Kruzifix, dessen Fassung verloren ging, wird Meister Tilmann (16. Jh.) zugeschrieben.[2]

Steckbrief

Eitorf liegt am Mittellauf der Sieg. Die Kirche St. Patricius ist die Eitorfer Hauptpfarrkirche, direkt an der Schoellerstraße 1.

2 Dehio, Georg: „Handbuch der Deutschen Kunstdenkmäler, Ausg. Rheinland, a. a. O., S. 339.

Der prägnant gestaltete Chorraum in der katholischen Pfarrkirche St. Patricius in Eitorf.

22

Ein Fünftel vom Pastor für Eudenbach

EUDENBACH (KÖNIGSWINTER) Im Zentrum der Region „Oberhau" in Eudenbach, der Bergregion von Königswinter steht unübersehbar die katholische Pfarrkirche St. Mariä Himmelfahrt. Geografisch liegt der Ort im vorderen Westerwald. Wer den Kirchturm besteigen darf, genießt einen Blick bis weit ins Siegtal und Altenkirchener Land hinein. Nicht weniger als 15 Ortsteile bilden den Oberhau. Im Jahr 2009 wurden die ehemals selbständigen katholischen Pfarreien Ittenbach, Thomasberg-Heisterbacherrott, Eudenbach, Oberpleis und Stieldorf zu einem einzigen Seelsorgebereich zusammen gefasst. Ein einziger Pfarrer betreut nunmehr alle fünf Pfarreien. Auf jede Kirche entfällt überspitzt ausgedrückt, „ein 1/5 Pastor." Der Priestermangel in der deutschen katholischen Kirche führt allenthalben zu einer grundlegenden Umstrukturierung der Pfarrgemeinden. Neue Seelsorgebereiche mit nur noch einem kanonisierten[1] Pfarrer werden gebildet.
Der Name „Oberhau" kann abgeleitet werden aus „Hauwald". Unter Hauwald versteht man ein Waldstück von ca. 15- bis 20-jährigem Eichenstammholz. Diese Stämme, eigentlich mehr Stangen, wurden gefällt und entrindet. Das Hauptprodukt, die Rinde, wurde als Rohstoff an die Lohgerbereien verkauft. Eichenlohe diente früher zur Ledergerbung. Der Rohstoff Eichenrinde wurde im Hauwald gewonnen. Das entrindete Holz diente als Brennholz oder war beliebter Rohstoff für die Köhler. im Odenwald als Rohstoff für ihre Kohlenmeiler. Die Baumstümpfe blieben absichtlich stehen und schlugen neu aus. Der Gemarkungsname Oberhau (von Holzeinschlag) findet sich erstmals 1789 in einer preußischen Karte. Die politische Gemeinde erhielt später den Namen Oberpleis.

Beschreibung

1912 wurde die katholische Kirche St. Mariä Himmelfahrt als dreischiffiger neoromanischer Bau errichtet. Die Weihe der Kirche erfolgte 1928. Schon 1872 stand in Eudenbach eine kleine Notkirche. Die alte Kommunionbank aus der Quirrenbacher Fachwerkkapelle war zeitweise Altar der Eudenbacher Kirche.

Steckbrief

St. Mariä Himmelfahrt Eudenbach, Eudenbacher Str. 109, 53639 Königswinter, gehört zur Pfarrei Thomasberg wie auch „Zur Schmerzreichen Mutter" in Ittenbach, „St. Pankratius" in Oberpleis und „St. Margareta" in Stieldorf.

1 Kanonisches Recht ist das Kirchenrecht der römisch-katholischen Kirche seit dem frühen Mittelalter. Das Kanonische Recht hatte starken Einfluss auf die Entwicklung des deutschen Strafprozessrechtes.

23

Bruchsteinbasilika ist neues Uckerather Wahrzeichen

UCKERATH-HENNEF Die „mittelalterliche Pfarre“ Uckerath gehörte als Klostergut dem Bonner Cassiusstift, das in der Region Oberpleis bis Geistingen den Zehnt von den Bauern erheben durfte. Die katholische Pfarrkirche hat eine wechselvolle Geschichte erlebt und wurde Ende des 19. Jh. neu gebaut. Sie ist Johannes Baptist (Joh. der Täufer) geweiht.

Geschichte

Das Bonner Cassiusstift wurde flächenmäßig großzügig in der Gemarkung Geistingen, dem ältesten Ortsteil der Stadt Hennef schon vor 900 aus Königsgut bestiftet. In einer Urkunde von 1131 werden dem Bonner Stift von Papst Innozenz II. wiederholt seine Rechte am Zehnt sowie der Besitz einer Eigenkirche in Uckerath bestätigt. In der Urkunde heißt es „eclessiam Okenrode cum tota decima“ (Kirche Uckerath mit dem ganzen Zehnt). Bis zum 12. Jh. blieb Uckerath Teil des Kirchsprengels Geistingen. Die erste Kapelle wurde bereits 1160 durch einen Neubau ersetzt. Die Blankenberger Christen wurden pfarrlich Mitte des 13. Jh. von Uckerath abgetrennt. Gräfin Mechthild von Sayn hatte 1248 vom Kölner Erzbistum für die von ihr gestiftete Klosterkirche in Stadt Blankenberg das Recht auf Bildung einer eigenständigen Pfarrei erwirkt. Im 16. Jh. finden wir Herzog von Berg als Kollator (Inhaber der Pfründe) der Kirche zu Uckerath. 1898 wurde das dreischiffige

Hauptgebäude dieser zweiten Kirche abgerissen, erhalten blieb vorerst der Turm der alten Kirche. Das Untergeschoss wurde mit Fenstern versehen und zu einer Trauerkapelle umgebaut. 1955 wurde sie als Gedächtniskapelle hergerichtet. Am 05. Oktober 1968 stürzte das damalige Wahrzeichen von Uckerath ein.

Beschreibung

1898 wurde alte Langhaus, ein dreischiffiges Gebäude abgerissen. Die neuromanische dreischiffige Pfarrkirche wurde im letzten Jahrzehnt des 19. Jh. neu errichtet. 1892 wurde der Altar der neuen Kirche konsekriert. Erhalten blieb vorerst der Turm der alten Kirche. Sein kreuzgratgewölbtes Erdgeschoss wurde mit Fenstern versehen und 1955 zu einer Trauer- und Gedächtniskapelle hergerichtet. Am 19. März 1945, fast am Ende des 2. Weltkriegs erhielt der Turm einen Treffer, der obere Teil wurde zerstört und 1954-55 saniert, wobei der Turm teilweise abgetragen und mit einem neuen Helm versehen wurde. Die Kirchturmuhr wurde 1978 montiert, eine dritte Glocke ergänzte das Geläut. Patron ist Johannes der Täufer. Das Querschiff, das Langhaus und das linke Seitenschiff wurden gegen Ende des 2. Weltkriegs an unterschiedlichen Tagen erheblich zerstört. Ein Brand vernichtete den Dachstuhl, die Orgelbühne mit der Orgel und eine Reihe von Kirchbänken. Mit einer enormen Kraftanstrengung der Pfarrgemeinde wurde das Gotteshaus bis 1952 wieder restauriert.

Aus der niedergelegten Pfarrkirche wurde der einfache romanische Taufstein aus Trachyt in Büttenform, vom Steinmetz im 12. Jh. gefertigt, mitgenommen und in der neuen Kirche aufgestellt. 1959 erhielt die Kirche zwei neue Glocken. Am 05. Oktober 1968 stürzte der alte Turm, das damalige Wahrzeichen von Uckerath ein.

Steckbrief

Uckerath wird von der B 8 durchzogen und ist ein Ortsteil der Stadt Hennef (Sieg). Die Kath. Pfarrkirche hat den Namen St. Johannes der Täufer.

24

Erdbeben ließ 1871 Windhagens Kirchturm einstürzen

WINDHAGEN Postkarten aus der Jahrhundertwende zum 20. Jh. grüßen aus Windhagens Sommerfrische mit einer Kirche ohne Turm. Dabei war der gotisierende Neubau der katholischen Pfarrkirche St. Bartholomäus in Windhagen erst 1869-70 errichtet worden. Das erste Kirchenschiff musste ab Mitte des 19. Jh. niedergelegt werden, der Kirchturm blieb jedoch erhalten. Der bekannte Kölner Architekt Vincenz Statz fügte dem alten Kirchturm eine neugotische gewölbte Halle an. Das mittlere Seitenschiffsjoch der alten Kirche wurde querhausartig durch Anfügung kurzer Quertonnen verbreitert.[1] Der Architekt Baumeister Statz wurde 1863 zum Diözesanbaumeister der Diözese Köln ernannt. Er baute beispielsweise auch die Asbacher St. Laurentius-Kirche oder den Neuen Dom zu Linz/Donau, eines der bemerkenswertesten österreichischen Baudenkmäler des 19. Jh.[2] Die Windhagener Kirchengemeinde und das Erzbistum Köln hatten 1868 vor Baubeginn der neuen Kirche den Plan von Vincenz Statz in die Mangel genommen und die Pläne reduziert. Der Neubau musste preiswerter werden und wurde schließlich für 9.800 Taler Bausumme[3] genehmigt.

Ließ Erdbeben 1871 Windhagens Kirchturm einstürzen?

Zwei lokale Zeitungen vom April 1871 berichten von einem Erdbeben für Windhagen, bei dem der Kirchturm eingestürzt sein soll. Um 14 Uhr des 14. April 1871 gab es tatsächlich ein lokales Erdbeben im unteren Mittelrheintal. Die Erdstöße sollen in Windhagen so stark gewirkt haben, dass der durch den neuen Anbau aus seiner alten Statik gerissene Turm gegen 17 Uhr einstürzte. Die neue Kirche stand plötzlich ohne Glockenturm da. Wörtlich schreibt die Neuwieder Zeitung in ihrer Ausgabe vom 21. April 1871: „Das am Freitagnachmittag, 14. April stattgehabte Erdhebeben wurde auch in Königswinter, Remagen und Erpel stark verspürt. In Windhagen bei Asbach stürzte an demselben Abend der Kirchturm ein, zertrümmerte die neue Orgel und beschädigte das neue Schiff!“[4] Auch die Linzer Zeitung berichtet in ihrer Ausgabe vom 16. April 1871 in ihren Lokalnachrichten unter dem Datum 14. April: „Heute Nachmittag, etwa 10 Minuten vor 2 Uhr wurde ein starkes Erdbeben verspürt, das über 2 Minuten währte und durch 3 starke Stöße mit donnerähnlichem Getöse sich kundgab.“ Und zum Einsturz des Windhagener Kirchturms schreibt das gleiche Blatt: „Am 14. des Nachmittags gegen 5 Uhr stürzte in Windhagen der Kirchturm der vor einigen Jahren neu erbauten kath. Pfarrkirche ein. Ob das um 2 Uhr stattgehabte Erdbeben die Veranlassung war, lässt sich annehmen, aber nicht behaupten!“[5]

1 Neu, Heinrich; Weigert, Hans: „Die Kunstdenkmäler ...“, a. a. O., S. 436 ff.
2 Vergl. Vogts, Hans: „Vincenz Statz (1819-1898). Lebensbild und Lebenswerk eines Kölner Baumeisters“, Mönchengladbach 1960.
3 Lackner, Paul: „Aus der Windhagener Pfarrgeschichte“ in: „Windhagen ein Heimatbuch“, a. a. O., S. 153.
4 Neuwieder Zeitung, Kreisblatt für den Kreis Neuwied, Nr. 95; Neuwied, 21. April 1871; LHA Koblenz.
5 Linzer Zeitung und Anzeiger für die Städte Remagen, Sinzig, Unkel ... Linz, Ausg. Nr. 31, S. 3.

Geschichte

Der Architekt der Windhagener Kirche, Baumeister Statz wurde 1863 zum Diözesanbaumeister der Diözese Köln ernannt. Er baute beispielsweise auch die Asbacher St. Laurentius-Kirche oder den Neuen Dom zu Linz /Donau, eines der bemerkenswertesten österreichischen Baudenkmäler des 19. Jh.[6] Die Windhagener Kirchengemeinde und das Erzbistum Köln hatten 1868 vor Baubeginn der neuen Kirche den Plan von Vincenz Statz in die Mangel genommen und die Pläne reduziert. Der Neubau musste preiswerter werden und wurde schließlich für 9.800 Taler Bausumme[7] genehmigt. Schriftliche Hinweise auf die Besiedlung eines Kirchspiels Windhagen finden wir schon in Urkunden von 1250. Urkunden, die die Besitztümer aufführen, die die verwitwete Landgräfin Mechthild von Sayn (1205-1283) ihrem Kölner Onkel, dem Erzbischof Hochstaden verkaufte. Es wird ausdrücklich die Pfarrei Winthan erwähnt[8]. In einem anderen Vermerk des Kölner Erzbischofs von 1262 heißt die Gemarkung Winthain und wird ebenfalls als Kirchspielort aufgeführt. Aus den Urkunden Mechthild von Sayns wird deutlich, dass Windhagen im frühen 13. Jh. schon Standort einer Pfarrkirche war. Erneut im 14. Jh. wird diese Pfarrkirche genannt, aufgeführt im liber valoris[9] der Diözese Köln für 1316. Die Einnahmen aus der Pfarrei und das Vorschlagsrecht für den Pfarrer (Kollationsrecht) standen dem Probst des Kölner Stiftes „Sankt Maria ad gradus“ zu. Das Kloster Sankt Maria ad Gradus wiederum wurde schon vom Kölner Erzbischof Hermann II. um 1040 n. Chr. gegründet und mit zahlreichen Weinbergen, Wäldern und

6 Vergl. Vogts, Hans: Vincenz Statz (1819-1898). Lebensbild und Lebenswerk eines Kölner Baumeisters, Mönchengladbach 1960.
7 Lackner, Paul: „Aus der Windhagener Pfarrgeschichte“ in: „Windhagen ein Heimatbuch“, a. a. O., S.153.
8 Bohn, Thomas: „Gräfin Mechthild von Sayn (1200/03-1285) a. a. O., S. 76; S. 234; S. 240; S. 514; S. 528 und S. 538.
9 Das Liber valoris, eine Kurzbezeichnung für „Liber Valoris ecclesiarum Coloniensis dioceses“ ein Steuerverzeichnis der Kölner Erzbischöfe.

Gütern zur Versorgung ausgestattet. Das Kloster lag inmitten von Köln östlich des Domes dem Rhein zu.

Beschreibung

1908 erhielt die Kirche einen neuen Turm, geplant vom Architekten Stumpf (Bonn) und wurde mit drei Glocken bestückt. Gleichzeitig wurde die Statz'sche gotisierenden Kirche um ein halbes Joch verlängert[10] und an den neuen Turm angehangen. Besonders stolz war man in der Gemeinde auf eine mit drei Zifferblättern ausgestattete Turmuhr. Der Hammer im Schlagwerk wog 21 Pfund, er schlug auf die schwerste Glocke auf, die 24 Zentner wog. Die Glocken wurden im 1. Weltkrieg beschlagnahmt. Am 18.03.1928 feierte die Kirchengemeinde die Weihe von drei neuen Glocken.[11] Ferdinand Rham (Boppard) malte 1908 die Kirche neu aus. Im 2. Weltkrieg wurde die Kirche arg in Mitleidenschaft gezogen, zum einen durch Bombensprengungen auf dem nahen Feldflughafen Eudenbach, zum anderen durch direkte Kriegstreffer. Das beschädigte Kirchendach konnte schon im Sommer 1945 geflickt werden und wurde dann 1952 neu gedeckt. Weitere Renovierungen folgten in den 1950 und 1960er Jahren. 1965 erhielt die Kirche ihre neuen Glasfenster, deren Motive Szenen aus dem Leben des Kirchenpatrons St. Bartholomäus widerspiegeln.

Orts- und Kirchspielgeschichte

Eine Grenze um 700 n. Chr. der ehemaligen Großgrundherrschaft Windhagen verlief von Stockhausen über Hammer, Plag, Asbach, Buchholz, Komp (bei Eudenbach), Kirchturm Ägidienberg, Himberg, Schweifeld und Vettelschoß.[12] Bei dem fränkischen Königshof trafen die Großgrundherrschaften Windhagen und Mehren sowie die Herrlichkeit Uetgenbach zusammen. Das Prümer Urbar, ein Inventar aller Besitzrechte der Abtei Prüm aus dem Jahr 893 verzeichnet auch den Namen eines Gutes Sweinfeld (heute Schweifeld) als Hof in der Gemarkung von Windhagen. Darüber hinaus sind in der Elsaff fünf Höfe, von Bennau bis Unterelles aufgezählt, die wahrscheinlich aus dem Königsbesitz der Grundherrschaft Windhagen herausgenommen und der Abtei Prüm geschenkt worden waren. Der Rittersitz Stockhausen gehörte ehemals dem Grafengeschlecht Nesselrode-Ehreshoven.[13]

10 ebd.
11 Heberer, Hans; Lackner, Paul: „Die Pfarrchronik erzählt", a. a. O., S. 153 ff.
12 ebd. S. 10
13 Kramer, Julius:"Asbach im Laufe der Jahrhunderte", a.a.O. S.9 ff.

Steckbrief

Windhagen liegt zwischen dem Siebengebirge und dem Westerwald. Die Pfarrkirche befindet sich in der Ortsmitte. Windhagen hat eine BAB-Ausfahrt der A 3. Erreichbar auch von Buchholz und Asbach aus.

25

Nonnenkirche St. Katharina – Ein Ort der Frauenfrömmigkeit

ST. KATHARINEN Die Pfarrkirche St. Katharina der politischen Gemeinde St. Katharinen war im Hochmittelalter Kirche des einzigen Klosters im Kirchspiel Linz, ein Ort der Frauenfrömmigkeit[1]. Die Entstehung zahlreicher Frauengemeinschaften in Deutschland ab dem 12. Jh. hatte zwei wesentliche Motive, einmal das Heilsstreben gläubiger Frauen, zum anderen ein demographisch nachgewiesener Frauenüberschuss für diese Zeit. Frauen aus einem sozial breit gefächerten gesellschaftlichen Spektrum, vom Adel bis zur reichen städtischen Oberschicht fanden sich zusammen, teilweise in locker organisierten Gemeinschaften, sehr zum Missfallen des Amtsklerus.[2] Wohlhabende Adelsfamilien des Mittelalters stifteten den Stammklöstern neue Konvente und ließen Ordenshäuser bauen, um eigene Töchter oder Nichten der Familie, die nicht zur Heirat bestimmt waren, so zu versorgen, dass sie nicht für ihren Lebensunterhalt selbst zu arbeiten brauchten. Natürlich gab der Stifter die Geldausgabe gerne auch als gottgefällige Handlung aus, damit die eigene Seele in den Himmel kommt. So ließen sich zwei Fliegen mit einer Klappe schlagen, hätte der Volksmund gesagt.

Geschichte

Anfang des 13. Jh. soll oberhalb von Linz das „Kanonissenstift Rennenberg“ abgebrannt sein. Das Frauenstift des Adels habe sich nahe der Burg Rennenberg[3], bei St. Katharinen befunden. Im Jahr 1238 begann die Adlige Benedikta, Tochter des Lambert von der Neuerburg/Niederbreitbach mit Ehemann Gerhard

1 Kleinjung, Christine: „Frauenklöster als Kommunikationszentren und soziale Räume,“, Korb 2008

2 Vergl. Bohn, Thomas:“Gräfin Mechthild von Sayn, 1200/03- 1285“, a.a.O. S. 307 ff.

3 Löhr, Hermann-Joseph: „Alt-Rennenberg“ in: „Geheimnisvolle Burgen- und Schlösserwelt vom Drachenfels bis Engers-Adelssitze des Unteren Mittelrheins, Westerwald und der Wied“, Asbach 2008.

von Rennenberg, Vasall und Ministeriale der thüringisch-saynschen Gräfin Mechthild von Sayn (1203-1285), den Neubau eines Frauenstiftes „St.Katharina" auf der freien Fläche von Hargarten, oberhalb des Brochenbachtales. Ob dies auf Bitte oder mit Einverständnis der Gräfin Mechthild von Sayn geschah, ist müßig zu beurteilen. Im Jahr 1257 gestattet die verwitwete Gräfin von Sayn den Klosterbau schriftlich.

Der Rumpf des Christuskörpers wurde 1961 von Prof. Neckenig (Neuwied) in ein von ihm entworfenes modernes Kreuz montiert.

Eine der zahlreichen Figuren aus dem Kirchen-inneren.

Die Urkunde vom 27. Mai 1257 lautet: „Mechthild, ehemals Gräfin von Sayn, gestattet dem Edelherren Gerhard von Rennenberg und dessen Frau Benedikta die Gründung des Zisterzienserinnenklosters St. Katharina bei Hargarten auf ihrem Herrschaftsgebiet ..."[4] Der Orden der Zisterzienserinnen[5] konnte gewonnen werden, das Kloster St. Katharina zu übernehmen. Triers lothringischer Erzbischof Heinrich II. von Finstingen verbriefte die Rechte des Klosters in St. Katharinen im Jahr 1261.[6] Das Ehepaar von Rennenberg hatte 12 Kinder, gleich fünf der Mädchen sollten Aufnahme finden im neuen Frauenkloster. Dafür schenkten die von Rennenbergs dem neuen Kloster umfangreiche Güter, Weinberge, Grund und Boden auch im Rheinort Linz als finanzielle Ausstattung.[7] 54 Jahre lang von 1454-

4 Urkunde im LHAK Bestand 168 Nr. 5. Das Original ist nachträglich gefälscht und nennt gefälschte Daten wie 1208 oder 1062 als Vordatierungen.

5 Zeimet, Johannes: „Die Cistercienserinnenabtei St. Katharinen b. Linz a. Rh.; Augsburg/Köln 1929.

6 Strauß, Heiner: „750 Jahre Kirche St.Katharinen"; St. Katharinen 1988, S. 81

7 Lind, Elli: „Die Freiherren von Rennenberg. Geschichte eines rheinischen Geschlechts". Köln 1968, S. 10

1508 unterstand das Frauenkloster auch einem Priorat der Abtei Himmerod. Zehntsteine der Abtei St. Katharinen aus dem 17. Jh. fanden sich als Grenzmarken in umliegenden Orten mit der Inschrift SC und dem Äbtissinnenstab.[8] 1711 erhielt das Kloster durch die Mitgift der aus Leubsdorf gebürtigen Nonne Katharina Floecker das Hollingshausensche Gut. Mit der Säkularisation 1803 gingen im Oktober alles Land, die Weinberge und Forsten des Katharinener Klosters der Ordensgemeinschaft verloren. Die Ökonomie gelangte zunächst in Erbpacht und wurde 1812 Eigentum des Kaufmanns Karl Leberecht Buchholz (Neuwied). Da er sich nur für die Landwirtschaft interessierte, veräußerte er das große Hauptgebäude des Klosters für 3.000 Taler auf Abbruch an einen Kölner Unternehmer.

Beschreibung

Die St. Katharinener Kirche wurde auf Notscheider Gemarkung errichtet als schmucklose, einschiffige Nonnenkirche im Stil der Bettelordensarchitektur.[9] Die Bettelordensarchitektur beginnt im 1. Viertel des 13. Jh. und erreicht im 14. Jh. eine hohe Blüte. Ähnliche Bauwerke finden sich im Mosel-Lahngebiet in Engelport (Karden), St. Maria in der Leer (Koblenz) und Thron-Wehrheim (Taunus). Typische Merkmale des Stiles sind die Mauertechnik aus Basalt und Grauwacke (heute verputzt), die Kargheit der Schmuckform, die Maßwerkfenster, die Form der Apsis, die Strebepfeiler am Chorhaupt und das holzgedeckte Kirchenschiff. Die Kirchenbauten der Bettelorden[10] bilden einen eigenen Typus innerhalb der Architekturgeschichte. Teile eines Neubaus aus dem 14. Jh. sind in der heutigen Kirche in St. Katharinen noch erhalten. Der barocke Dachreiteraufsatz wurde für das Zisterzienserinnenkloster gezimmert. Der Chor der Kirche wurde aus fünf Seiten eines Achtecks gebrochen mit dreifach abgestuften Strebepfeilern. 1676 wurde das Gewölbe erneuert. Das Langhaus ist

Grabtafel des Stifterehepaares Gerhard und Bendicta von Rennenberg, die unter dem Hochaltar der Klosterkirche beerdigt worden waren.

8 Bei dem Mangel einer historisch-wissenschaftlichen Behandlung der Klöster und Abteien des alten Erzstifts Trier ist darauf zu verweisen, dass Johannes Zeimet eine Dissertation über die Zisterzienserinnenabtei St. Katharinen verfasst hat. Der Verfasser ging dabei auf das Allgemeinverfassungsrechtliche der Zisterzienserinnenabteien etwas tiefer ein. Er bietet eine eingehende Darstellung der äußeren und inneren Geschichte sowie der Wirtschaftsgeschichte der Abtei.

9 Dehio, Georg: „Kath. Pfarrkirche St. Katharinen"; in: „Handbuch der dt. Kunstdenkmäler, Rheinland-Pfalz, Stuttgart 1984, S. 923

10 Die „vier Bettelorden" des MA Dominikaner, Franziskaner (auch Kapuziner und Klarissen), Karmeliten und Augustiner; später zählte man noch den Servitenorden (Kloster in Linz) hinzu.

durch sechs Fensterachsen gegliedert, die östlichen Fenster sind größer und mit Maßwerk, die westlichen Fenster lanzettförmig. Architekt Hermann (Neuwied) baute 1912/13 an der Nordseite ein Seitenschiff an. Bis zum 19.Jh. schlossen sich die später abgebrochenen Klostergebäude an dieser Stelle an die Kirche an. Das Seitenschiff wurde nach 1945 erweitert. Die Kreuzigungsgruppe (um 1514, gefertigt aus Eifeler Tuffstein) stammt aus der Werkstatt von Hans Backoffen.[11] Sie befand sich außen an der Kirche und wurde gegen Kriegsende am 13. März 1945 schwer beschädigt. Der Rumpf des Christuskörpers blieb erhalten und wurde 1961 von Professor Hansjoachim Neckenig (Neuwied) in ein von ihm entworfenes modernes Kreuz montiert. Das Kreuz hängt im Altarraum der Kirche. Renovierung 1962, Erschaffung von neuem Altar, Taufbecken und Fußboden in grauem Trachyt. Ein moderner Tabernakel aus Messing wurde von Egino Weinert (Köln) geschaffen. Er hat eine achteckige Form mit Zeltdach. Der Fuß ist aus Bronze, mit Quarzen verziert. Emaillebilder mit Szenen aus dem Alten und Neuen Testament in eindrucksvoller klarer Farblichkeit schmücken den Tabernakel. Zahlreiche Figuren schmücken das Innere, so die „Mondsichelmadonna" (um 1500); die Katharina von Siena (Mitte 18. Jh.), Bernhard von Clairveaux (Mitte 18. Jh.); oder der Heilige Josef (Ende 18. Jh.). Historische Grabplatten und kunstvoll gemeißelte Grabkreuze aus dem 17. Jh. runden das sakrale Bild des Gotteshauses ab. An der Westseite des Seitenschiffs wurden zwei große Grabplatten eingemauert. Sie weisen auf das Stifterehepaar Gerhard und Benedicta von Rennenberg hin, auf die Äbtissin Thoma aus dem 18. Jh. und auf den Abt Bernard Colonia, der 1770 in Arienheller verstarb und in St. Katharinen seine letzte Ruhe fand.

Günther Zeus (Leutesdorf) baute das Modell des Katharinenklosters nach. Es steht nun in der Kirche.

Steckbrief

St. Katharinen liegt auf der Wasserscheide zwischen Rhein und Wied. Im Norden grenzt St. Katharinen an Vettelschoß, östlich liegen Neustadt und Roßbach, im Süden Dattenberg und im Westen die Stadt Linz. Die Pfarrkirche St.Katharinen liegt direkt an der L 254. Im Ortsteil Hargarten auf dem Hummelsberg befindet sich ein durch den Basaltabbau bereits zum größten Teil zerstörter Ringwall aus der Hunsrück-Eifel-Kultur. Katharinen besitzt zahlreiche kleine Kapellen, die im Band III der Buchreihe aufgegriffen werden. Der Grubenweg führt auf knapp 10 km durchs Brochenbachtal an die Wied.

11 Hans Backoffen (1470 - 1519) deutscher Bildhauer. Bürger von Mainz in Diensten der Erzbischöfe als Hofbildhauer. Seine Werkstatt ist ab 1505 bis 1519 in Mainz nachweisbar.

26

Waldbreitbach war Sitz einer Deutschordenskommende

WALDBREITBACH Eine Vorgängerin der katholischen Pfarrkirche Maria Himmelfahrt in Waldbreitbach ist für das 13. Jh. nachgewiesen.[1] Das Grafenehepaar Mechthild und Heinrich III. von Sayn stiftete den Almosenzehnten der Breitbacher Pfarrei dem Kloster Sayn.[2] Erhalten vom alten Waldbreitbacher Bauwerk ist der ungegliederte, spätromanische Turm aus dem 13. Jh. mit gratgewölbtem Erdgeschoss sowie die Säulen am Portal und in den Schallarkaden mit ihren Palmettenkapitellen.[3] Am Turm findet sich ein Ordenswappen der Deutschordensritter.

Trotz Kriegsschäden- alle 19 Register gezogen

Eine Klais-Orgel von 1896 erklingt in der Waldbreitbacher Pfarrkirche. Das Besondere an diesem Kircheninstrument ist die pneumatische Traktur. Dadurch werden die Pfeifen verzögert und sanfter angeblasen. Diese Klais-Orgel weist ein besonders weiches Klangbild auf, typisch für die deutsche Spätromantik. Ihr Klang besticht besonders,

1 Schug, Peter: „Dekanat Engers", Neuwied 1950, S. 114 ff.
2 Neu, Heinrich; Weigert Hans: „Kunstdenkmäler des Kreises Neuwied", a. a. O., S. 430
3 Dehio, Georg: „Handbuch der deutschen Kunstdenkmäler ...", a. a. O., S. 1105

wenn auf ihr Werke von Felix Mendelsohn Bartholdy, Max Reger oder Franz Liszt gespielt werden. Bachs Orgelkantaten tun sich dagegen eher schwerer, behaupten musikalische Ohren. Im 1. Weltkrieg raubte man der Orgel ihre großen und glänzenden Zinnpfeifen. Für Kriegszwecke wurden sie eingeschmolzen. Beim Beschuss der Waldbreitbacher Kirche Ende des 2. Weltkrieges beschädigten herabstürzende Steine einige Orgelpfeifen. In der Nachkriegszeit fehlte Handwerksmaterial, um die Schäden fachgerecht zu beheben. So ging man mit dem Lötkolben zu Werke oder verklebte Löcher ganz einfach mit billigem Isolierband. 2002 wurde in den hölzernen Pfeifen auch der Holzwurm gesichtet. Mit einem Aufwand von rund 150.000 Euro wurde die Orgel 2006 restauriert. Im Juni 2006 konnte Dekanatskantor Peter Uhl in einem großen Konzert die 19 Register der generalsanierten, alten Orgel voll auskosten.

Beschreibung

Der Langhausneubau der stimmungsvollen, im romanischen Stil errichteten Kirche wurde 1876-78 von Architekt Reinhold Wirtz (Trier)[4] geplant und von der Firma Johann Pütz aus Limperich bei Bonn umgesetzt. Der Grundstein wurde 1877 sichtbar bleibend eingemauert auf der Evangelienseite neben der Sakristeitüre. Drei geschnitzte Altäre des 17. und 18. Jh. sind dem hl. Johannes, dem hl. Sebastian und der Gottesmutter geweiht. Im 2. Weltkrieg wurde die Kirche durch Artilleriebeschuss stark beschädigt. Die Decken stürzten teilweise ein, Fenster zersplitterten, die Gewölbe wurden von tiefen Rissen durchzogen, der Turm verlor seine Bedachung. 1956 wurde die Kirche unter Leitung von Helmut Rams renoviert. Die Fenster entwarf ebenfalls Helmut Rams. Zwischen 1972 und 1977 wurde die Kirche noch einmal gründlich instand gesetzt und entsprechend der sakralen Erfordernisse umgestaltet. Die Pläne entwarf Architekt Henn, Siebenmorgen. Restauratorin war Gisela Schreyögg (Leutesdorf). Der gesamte Innenraum erfuhr einen neuen Anstrich, die Kirchenbänke wurden überarbeitet und in einer neuen Anordnung aufgestellt. Im rechten Seitenchor wurde die Taufkapelle errichtet.

Sanierung steht wieder an

Im Dezember 2009 startete die katholische Kirchengemeinde Waldbreitbach eine neue Sammelaktion, damit 380.000 Euro zusammenkommen. Soviel wird die Kirchengemeinde aus eigener Kraft mindestens aufbringen müssen, damit die Pfarrkirche für insgesamt 700.000 Euro saniert werden kann.

Deutschordenskommende

Das Wappen des Deutschherrenordens weist auf die Anwesenheit dieses Ritterordens in Waldbreitbach hin. Der Orden unterhielt in Waldbreitbach eine Kommende, die ihre Wurzeln bis ins 13. Jh. zurückverfolgen kann. Ihre Gebäude wurden im Laufe der langen Geschichte oft neuen Zwecken zugeführt, am umfassendsten aber nach der Säkularisation[5] im napoleonischen Zeitalter. Durch die Verschiebung der französischen Ostgrenze

4 Dombaumeister Reinhold Wirtz plante um 1888 auch die Trierer neugotische Hallenkirche Herz-Jesu, Kirchen in Birkenfeld, Speicher, Trierweiler und Welschbillig.

5 Umfassend war die Säkularisation in Deutschland: Beiderseits des Rheins wurden die Hoheitsrechte von vier Erzbistümern, 18 Bistümern und etwa 300 Abteien, Stiften und Klöstern eingezogen.

mussten deutsche Staaten ihre linksrheinischen Gebiete abgeben. Als Entschädigung dafür wurden ihnen im Reichsdeputationshauptschluss von 1803 die kirchlichen Reichsstände und die Reichsstädte zugeschlagen. Annähernd 95.000 km² Grundfläche, auf denen mehr als 3 Mio. Menschen lebten, wechselten ihren Besitzer. Durch die Enteignung kirchlicher Güter verlor insbesondere die katholische Kirche einen großen Teil ihrer weltlichen Macht. So wurde auch der Deutschherrenorden enteignet, seine Waldbreitbacher Besitzungen wurden verweltlicht und gelangten an den Fürsten von Nassau-Usingen und später an das Fürstenhaus zu Wied. Seit 2009 steht eine neue Nutzung der Kommende in Waldbreitbach an.

Steckbrief

Waldbreitbach liegt im Wiedtal zwischen Neuwied und Neustadt/Wied. Wallfahrtsort zu mehreren Wallfahrtskapellen. 2008 Seligsprechung von Schwester Mutter Rosa. Im Winter Weihnachtsdorf im Wiedbachtal. In der katholischen Kirche wird eine große Naturholzwurzelkrippe aufgebaut. Krippenmuseum im Ort mit über 1.300 Krippen aus aller Welt. Wandern kann man auf einem kleinen und einem großen Krippenweg. Wurzelkrippe zur Weihnachtszeit in der Katholischen Kirchengemeinde Maria Himmelfahrt, Waldbreitbach, An der Commende 4, 56588 Waldbreitbach.

27

Städtisches Grabentor wird ev. Glockenturm

LINZ Architekt Vogeler[1] errichtete basierend auf den Bauplänen des evangelischen Kirchenneubaus in der Stadt Wissen (Kreis Altenkirchen) in den Jahren 1864/65 die evangelische Linzer St. Trinitatiskirche. Die Stadt Linz stiftete für das Fundament der Kirche die behauenen Basaltsteine des an dieser Stelle 1863 abgebrochenen Grabentores.[2] Das Stadttor diente von 1857-63 zuvor noch als Glockenturm, solange die evangelischen Gemeinde ihre Gottesdienste im Saal des Katharinenhofes feierte.

Geschichte

Um 1787 gab es lt. Statistik keinerlei Protestanten in der Stadt Linz. Die unter Kölns Fürstbischof Hermann zu Wied begonnene lutherische Reformbewegung im Erzbistum Köln hatte sich in Linz nicht dauerhaft durchgesetzt, obwohl die Bürgerschaft in der 1. Hälfte des 16. Jh. der Reformation sehr offen gegenüberstand und sich auch militärisch für den Kurfürsten engagiert hätte. Im 16. Jh. predigten mehrere protestantische Theologen auf Bitten des Kölner Kurfürsten in der Stadt Linz, um der Reformation zum Durchbruch

1 Dehio, Georg: „Handbuch der Deutschen Kunstdenkmäler ...“, a. a. O., S. 564

2 Der stärkste Wandel des Linzer Stadtbildes fand im 19. Jh. statt. Die Ratskapelle auf dem Marktplatz (1462) wurde 1818 niedergelegt. Die Stadtbefestigung galt als überholt. Die Stadtmauer zum Rhein wurde 1861/1862 abgetragen, das Leetor 1879.

zu verhelfen. Da sich das Kölner Domkapitel mit Erfolg gegen den Kurfürsten durchsetzte, blieb auch die kurkölnische Stadt katholisch. 1812 wurden 12 Protestanten von Remagen aus evangelisch betreut.

Kirchengemeinde entsteht

Linz wurde erst 1856 selbstständige evangelische Kirchengemeinde. Mit dem Übergang der kurkölnischen Rheinlande an Preußen siedelte nach und nach in Linz eine größere evangelische Bevölkerungsgruppe. Mitte des 19.Jh. wurden 150 Gläubige registriert. 1845 gründete sich ein evangelischer Verein, der mithilfe von Spendengeldern den ehemaligen Katharinenhof am Grabentor kaufte, um dort einen Betsaal, eine Pfarrer- und eine Lehrerwohnung einzurichten. Im gleichen Jahr erhielt Linz einen Hilfsprediger. 1846 wurde eine Pfarrerstelle geschaff en und 1847 erstmals ein eigenes Presbyterium gewählt. Rasch gab es Pläne für den Bau einer evangelischen Kirche. Ganz in der Nähe wurde ein Friedhof für die evangelischen Christen angelegt.

Beschreibung

Stilistisch wurde das Bauwerk im Rundbogenstil schinkelscher Prägung errichtet. Es handelt sich um einen flachgedeckten Backsteinsaal in Rundbogenstil mit eingezogener gewölbter, halbrunder Apsis. Das aufgehende Mauerwerk besaß eine Verblendung aus fleischfarbenen Ziegeln. Achteckige Türmchen markierten die vier Eckpunkte des dreiachsigen Langhauses. Vogler fügte einen Westturm mit Glockenstube an. Der quadratische Westturm wird oben in ein Achteck übergeleitet. Der Innenraum der Kirche wurde durch einen Brand 1949 in Mitleidenschaft gezogen und erfuhr bei der sich anschließenden Wiederherstellung eine Reihe von Veränderungen[3]. Die Linzer Künstlerin Edith Oellers[4] malte das dreiflügelige Altarbild für die Kirche. Es zeigt Szenen aus dem Neuen Testament (Bild rechts oben).

Steckbrief

In der Linzer Innenstadt, direkt an der Tiefgarage gelegen, die evangelische, mit Backsteinverblendung gestaltete Pfarrkirche. Gemeindehaus am Grabentor. Gemeindehaus (Katharinenhof) bis 1803 Stadthaus der Zisterzienserinnen von St. Katharinen, ab 1845 im Besitz der evangelischen Gemeinde.

3 Franzen, Werner: „Gottesdienststätten im Wandel; Evangelischer Kirchenbau", a. a. O., S. 626 ff.

4 Edith Oellers wurde 1957 in Duisburg geboren und wuchs in Linz am Rhein auf. Sie besitzt einen Lehrauftrag für die Universität Duisburg-Essen. Vater ist der Linzer Bildhauer Günther Oellers, Mutter die Malerin Edith Oellers-Teuber.

28

St. Martin – älteste Jakobsweg-Malerei Deutschlands?

LINZ Die historische St. Martinkirche zählt zu den herausragenden und wesentlichsten Kunstschätzen des unteren Mittelrheintales. Die Atmosphäre der Kirche, die herausragende Architektur des Ostchores sowie die monumentalen Malereien an den Innenwänden des Mittelschiffs zogen stets nicht nur kunstinteressierte Menschen an. Die Wandmalerei einer Jakobs-Pilgerkrönung[1] im Kircheninneren aus der Zeit um 1230 wird zu einer der ältesten und bedeutendsten im deutschsprachigen Raum gezählt. Zahllose Kunstführer[2] handeln die Martinskirche sehr informativ ab. Die Touristinformation Linz oder der Förderverein der St. Martinskirche veranstalten regelmäßige Führungen. Das rheinische Kleinod „St. Martin-Pfarrkirche" lädt darüber hinaus geradezu ein, sich auch das mittelalterliche Stadtbild des bunten Rheinstädtchens mit seinen Fachwerk- und klassizistischen Häusern umfassend anzuschauen. Ob sich die Kirche allein schon aus diesem Grund am höchsten Punkt der Altstadt erhebt? Spätestens von Erpel aus oder von der gegenüber liegenden Rheinseite her kommend, prangt die ockerfarben gestrichene Kirche über dem Stadtbild. Im Jahr 1198 begonnen und Anfang des nächsten Jh. vollendet löste der „Kirchenneubau St. Martin" eine frühere, schon im 9. Jh. bezeugte Kirche[3] ab.

Die Reformation im Erzbistum Köln

Die Reformation führte zu massiven Streitigkeiten in Linz. Die städtische Chronik berichtet für 1543-1547 von Bilderstürmern in den Linzer Kirchen und Kapellen, Zerstörung der beiden Vikarien, oder Abbrennen des Rennenberger Hofes. Nach dem Tagebuch des Linzer Bürgers Lorenz Schaaf wurden aus der St. Martin-Pfarrkirche alle Altäre, Beichtstühle und Heiligenbilder entfernt und auf dem Kirchhof verbrannt. 1545 wurde das Deutschherrenhaus aufgebrochen, die Ratskapelle verwüstet.[4]

Beschreibung

Im Jahr 1198 begonnen und Anfang des nächsten Jh. vollendet löste der „Kirchenneubau St. Martin" eine frühere, schon im 9. Jh. bezeugte Kirche ab. In seinem Kern ist das Gotteshaus eine spätromanische Pfeileremporenbasilika. Ursprüngliches aus dem Anfang des 13. Jh. findet sich auch noch am Westturm, der geübte Betrachter erkennt die gekuppelten Klangarkaden des Glockengeschosses mit Säulchen und Kapitellen. Ursprünglich sind auch das Äußere des polygonen Chores mit Lisenen und Zwillingsbögen, die Vierpassfenster im Sockelgeschoss, die hohen, spitzbogigen Fenster im Hauptgeschoss; das Kassettenfries als oberer Abschluss. Spätgotische Veränderungen im 15./16. Jh. betreffen das malerische Äußere, die Maßwerkfenster, die vielfältigen Dachformen und den steilen Turmhelm. In der

1 Herbers, Klaus: „Der Jakobskult in Süd-Deutschland", Kultgeschichte in regionaler und europäischer Perspektive", Tübingen 1995
2 Steger, Denise: „800 Jahre katholische Pfarrkirche St. Martin im Spiegel der Kunst", Linz 2006
3 Dehio, Georg: „Handbuch der deutschen Kunstdenkmäler", a. a. O., S. 561-S. 565
4 Burghard, Hermann; Kapser, Cordula: „Linz am Rhein", a. a. O., S. 150 ff.

dritten Bauphase im 16. Jh. erhielt St. Martin seine Sterngewölbe, die Sebastiankapelle und die Chorkapelle neben dem Hauptchor. Die Außenwände der dreischiffigen Basilika sind ungegliedert. Bauliche Ähnlichkeiten mit den Kirchen in Remagen (Chor von St. Peter und Paul) und in Andernach (Langhaus der Liebfrauenkirche) lassen vermuten, dass der

gleiche Baumeister vor Ort war. Die Fenster im Chor ließ die Pfarrei 1950 erneuern. Durch die Bombardierung der Brücke von Remagen im Zweiten Weltkrieg 1944/45 wurden sie vom Luftdruck hinweggefegt. Die neuen Fenster mit den Wappen wurden durch Sammlungen finanziert. Die St. Martinkirche wurde zwischen 1973-1991 umfassend renoviert. Sehr sehenswert sind die in den Kunstführern unterschiedlich interpretierten Wandmalereien (um 1230). Ein Wandbild zeigt Szenen der Kindheit Christi (Verkündigung an Maria, Geburt Christi, Verkündigung an die Hirten, Anbetung der hl. drei Könige und Stifterfamilie) auf der Westempore. Die hochmittelalterliche Wandmalerei auf der Südseite des Mittelschiffs zeigt wie der hl. Jakobus von Compostela ein Pilgerpaar krönt, während eine Schar von Pilgern auf vier Wegen dem Heiligen zuströmt. Eine weitere Wandmalerei im Mittelschiff (Nordseite) stellt die hl. Katharina mit dem Rad in Händen vor. Eine Wandmalerei im Mittelschiff (Südseite) zeigt den hl. Martin. Die figürliche Ausmalung des Mittelschiffs gehört einer zweiten Ausmalungsphase an. Sie ist in Secco-Technik ausgeführt und geht in ihrer Anlage in die Mitte des 13. Jh. zurück. Nach der Aufdeckung 1855 wurde der Originalbestand nach vier missglückten Restaurierungsversuchen so gut wie vernichtet. Spätgotisches Mittelschiff-Gewölbe mit Blumenmalereien Ende des 15. Jh. schmücken das spätgotische Mittelschiffgewölbe. Ein Marienaltar steht im nördlichen Seitenschiff. Die Madonna Immaculata aus Terrakotta (letztes Viertel 17. Jh.) wurde nach ihrer Restaurierung 2005 über dem Seitenaltar angebracht. Ein Sandsteinrelief des hl. Martin, der den Mantel teilt, Anfang 16. Jh. stand ursprünglich in der Nische über dem Hauptportal. Es wurde zum Schutz vor Verwitterung 1988 im Chor aufgestellt. Außen steht eine Replik. Ein Taufstein (Anf. 16. Jh.) stammt aus der angebauten Sebastianuskapelle. Gefertigt Ende des 15. Jh. wurde er in der unter dem Kölner Kurfürsten Hermann von Hessen. Sehenswert der hl. Nikolaus auf dem Nikolausaltar der Südempore, eine farbig gefasste spätgotische Holzskulptur aus der ehemaligen Schifferkapelle St. Simeon in Linzhausen.[5]

Sandsteinrelief des Hl. Martin, der den Mantel teilt. Anfang 16. Jh.

Tilmann Joel – ein großer Sohn der Stadt Linz – Teilnehmer des Konzils von Basel

Der gebürtige Linzer Junge Tilmann Joel (*1395-31. Januar 1461) wurde nach seinem Studium kurkölnischer Spitzenbeamter, hatte die Pfründe eines Propstes des Koblenzer Stiftes St. Florin inne. Dank seiner hohen Einkünfte stiftete er seiner Vaterstadt unermesslich wertvolle Kunstwerke und ließ auf seine Kosten auf dem Marktplatz eine Kapelle errichten. Auf dem Konzil von Basel 1431-1449 vertrat der Linzer Theologe und

5 Steger, Denise: „800 Jahre kath. Pfarrkirche St. Martin im Spiegel der Kunst." Förderverein St. Martin-Kirche Linz/Rhein e. V., Linz 2006.

Jurist die Interessen des Kölner Kurfürsten und Erzbischofs. Berichtet wird aus dieser Zeit von Diskussionen mit Nikolaus von Cues oder einem Zusammentreffen mit Johann von Lieser, Spitzenbeamter des kurtrierischen Erzbischofs, Ende Juli 1439. In Koblenz gab es eine bemerkenswerte Konferenz dieser Theologen als Vertreter der drei geistlichen Kurfürsten. Der Linzer Theologe[6] ist Gegenstand mehrerer Dissertationen.

Tafelbild „Der Gnadenstuhl"

Das Tafelbild „Der Gnadenstuhl" – heute über dem Altar des südl. Seitenschiffs – stammt aus der Linzer Ratskapelle, geschaffen um 1460. Das Bildnis wurde von der Kölner Werkstatt im Umkreis des Meisters der Lyversberger Passion gefertigt. Es wurde von Tilman Joël für die ehemalige Linzer Ratskapelle gestiftet, die ehemals auf dem Marktplatz stand. Auch die niedergelegte Ratskapelle wurde von Tilmann Joel gestiftet.

Steckbrief

Im Tilmann Joel-Park (stillgelegter ehem. Kirchhof) befinden sich Grabsteine aus fünf Jahrhunderten. Ein wertvolles Flügelretabel mit vier Flügeln gestiftet im 15. Jh. von Tilmann Joel[7] wurde in die neue Pfarrkirche übertragen. Linz am Rhein liegt rechtsrheinisch an der B 42. Gut zu erreichen mit Fähre (Remagen) und Bundesbahn. Öffnungszeiten der Martinskirche: Kath. Kirchengemeinde St. Martin, Am Totenborn 5, 53545 Linz. www.linz-kirche-sankt-martin.de.

6 Podlech, Wilfried: „Tilmann Joel von Linz 1461, Kanzler, Rat und Gesandter Rheinischer Kurfürsten", Neustadt an der Weinstraße 1988
7 Joel, Tilmann, (1395 –1461), Theologe und Jurist, geboren in Linz, Verwaltungsfachmann und Diplomat.

Tilmann Joël – ein großer Sohn der Stadt Linz – vertrat den Kölner Erzbischof bei einem Konzil.

Viele mittelalterliche Fresken schmücken die historische Kirche.

29

Walburgis-Kirche hat eine große Bedeutung für das Landschaftsbild

LEUBSDORF Die „weiße Kirche vom Rhein" bildet für Betrachter, die aus Richtung Neuwied kommen, einen markanten Hingucker. Stolz ragt das Gotteshaus vor einer Felswand über dem schmucken Ort. Stadtplaner Karl-Wilhelm Flackus bescheinigte im Jahr 2005 der Ortsgemeinde, dass der Sakralbau bei der Weiterentwicklung der Rheingemeinde eine tragende Rolle einnehmen könne.[1] Vor über 100 Jahren entwarf Architekt Theodor Hermann (Neuwied) die dreischiffige, neugotische Basilika. 1905 entstand St. Walburgis[2] auf dem Reißbrett als Nachfolgekirche einer frühen einschiffigen Kirche. Vom niedergelegten Gotteshaus des 13. Jh. wurden der ungegliederte Westturm am südlichen Seitenschiff und Teile des Chores in den Neubau mit einbezogen. Der alte Chor war in sechs Seiten eines Zehnecks gebrochen.[3] Vier Scheitelseiten blieben erhalten. Anfangs sollte der Vorgängerbau aus dem Hochmittelalter vollständig abgerissen werden.

1 Peerenboom, Marcelo: „Stadtplaner sieht Potenziale für Leubsdorf" in RZ Koblenz, Ausgabe AN 10.12.2005
2 Walburga eine angelsächsische Missionarin zu Zeiten von Bonifatius, leitete im 8. Jh. das Kloster Eichstätt.
3 Dehio, Georg: „Handbuch der deutschen Kunstdenkmäler, a. a. O., S. 554

Die preußische Verwaltung wirkte auf den Erhalt von Turm und Chor hin. Daher wurden die Bauteile integriert, als 1905 der Neubau begann. Bis Oktober 1906, rund 15 Monate, benötigten die Handwerker, um die neue Kirche zu errichten. Am 08. Mai 1908 wurde der Bau vom Trierer Bischof Dr. Felix Korum (1840-1921) konsekriert.

Altgläubige siedelten nach „Rothe Kreuz"

Die Reformationswirren im Erzbistum Köln unter Erzbischof Hermann V. zu Wied hatten auch Auswirkungen auf Leubsdorf, das dem Linzer Kirchspiel angehörte. Die Erzählungen der ältesten Dorfbewohner wissen noch vom Jahr 1543, als genauso wie in Linz „fanatisch auftretende Verfechter" des Calvinismus die alte Leubsdorfer Dorfkirche vom „unchristlichem Tand" „säuberten". Die Befürworter der Reformation betrachteten den Heiligenkult als „Götzendienst". Im Dorf gab es wohl auch Auseinandersetzungen nach den Predigten des Franziskaners und Bonner Pastors Johannes Meinerzhagen (1519-1549)[4], der nicht nur in Linz die Reformation predigte, sondern 1544 sogar in Linz heiratete. Die Bilderstürmer gingen so weit, dass beide Linzer Vikariegebäude demoliert wurden.

Um 1545 sollen einige Leubsdorfer Bürger, die dem alten Glauben treu blieben, auf die Höhen des Westerwalds, oberhalb des Dorfes geflohen seien. Auf einer Rodung siedelten sie neu. Den Flecken nannten sie „Rothe Kreuz" (Kreuz auf der Rodung), heute ein Ortsteil von Leubsdorf.

Beschreibung

2008 war das Walburgis-Jahr der Gemeinde Leubsdorf. Am 08. Mai war es 100 Jahre her, dass die Kirche auf den Namen St. Walburgis geweiht wurde. Eduard Tack (Holzlar) veröffentlichte zur Kirchengeschichte ein sachdienliches Buch. Die Kirche kann kunsthistorisch als typischer Bau der späten Phase der Wilhelminischen Neuromantik[5] zugeordnet werden. Sie passt zur regionalen Kirchenarchitektur. Durch die Übernahme des alten Westturmes gehört sie auch in die Gruppe der Bauten, denen die Richtlinien des Heimatschutzes (sog. „Heimatschutzstil") zugrundegelegt wurden. A. Degen (Mönchengladbach) malte die neugebaute Kirche erstmals 1931 innen aus. Herausragendes Kunstzeugnis im Innern der St. Walburgis Kirche ist eine kölnische Marienstatue aus der 1. Hälfte des 14. Jh. Neben der sitzenden Muttergottes

4 Johannes Meinerzhagen verfasste 1544 das erste rheinische Gesangbuch unter dem Titel: „Des evangelischen Bürgers Handbüchlein".
5 Vergl. Erlöserkirche von Bad Homburg

steht Jesus als Kind. Sehenswert auch eine mittelrheinische Kreuzigungsgruppe aus der ersten Hälfte des 16. Jh. Der Aufsatz eines Seitenaltars ist dem hl. Sebastian gewidmet, entstanden um 1700. Die Figur der hl. Walburga lässt sich auf Mitte des 18. Jh. datieren, ein hl. Joseph mit Kind entstammt der zweiten Hälfte des 18. Jh.

Pfarrer Lellmann und SA-Führer Ley

1939 wurde Pastor Josef Lellmann (*25.02.1883, Andernach) in Leubsdorf Nachfolger von Pfarrer Raber. Lellmann leistete im Dritten Reich zähen passiven Widerstand gegen die alles gemeinschaftliche Leben durchdringende Ideologie des Nationalsozialismus. Bei einer Beerdigung eines frühen, örtlich sehr engagierten SA-Mannes, soll Pfarrer Lellmann den eigens angereisten damaligen Leiter der Deutschen Arbeitsfront, Dr. Robert Ley bei der Segnung des Toten absichtlich mit Weihwasser bespritzt haben und dann den Vorgang mehrdeutig kommentiert haben. Pfarrer Lellmann hatte im Dritten Reich engen Kontakt mit der Familie Adenauer. Besonders die Ehefrau von Konrad Adenauer kam öfters mit dem Zug von Rhöndorf nach Leubsdorf und besuchte das Leubsdorfer Pfarrhaus. Man kann vermuten, dass hier Botschaften ausgetauscht wurden zwischen Zentrumspolitikern, die unter Gestapo-Beobachtung standen.[6] Der frühere rheinland-pfälzische Innenminister Heinz Schwarz (CDU) sagte dazu: „Einen großen Einfluss hatte auf mich der Leubsdorfer Pfarrer Josef Lellmann. Dieser gehörte im Dritten Reich zu einer theoretisierenden „Anti-Hitler-Gruppe“ im Bistum Trier. Eine Gruppe also, die keinen aktiven Widerstand wagte, aber sich auch nicht zum nationalsozialistischen Staat bekannte. Dieser Pfarrer gehörte vor und während des Krieges zum weiteren Bekanntenkreis von Konrad Adenauer. Adenauers Frau war damals oft zu Gast im Leubsdorfer Pfarrhaus, um ihrem Herzen über die verschiedenen Verhaftungen und Festsetzungen ihres Mannes Luft zu machen.“ Lellmann engagierte sich unmittelbar nach Kriegsende für die Gründung einer Christlichen Partei. So gab es auch Kontakte zum Linzer Amts-Bürgermeister Wuermeling, der ebenfalls von Linz aus aktiv die Gründung einer christlichen Partei betrieb.[7]

Steckbrief

Leubsdorf liegt südlich von Linz am Rhein. Der Ort ist Fremdenverkehrsgemeinde mit teilweise gut erhaltenen Fachwerkbauten. Von der B 42 in den Ort abbiegen.

6 Vergl. Löhr, Hermann-Joseph: „Dr. Else Peerenboom-Missong, Erste Linzerin mit Doktorhut“, Linz, 2008.
7 Löhr, Hermann-Joseph: „Der tägliche Kampf um die Existenz“ in: Rhein-Zeitung, Ausgabe Neuwied vom 30.08.2006, Seite 24.

30

Dattenberger Neubau „ein unabweisliches Bedürfnis“

DATTENBERG Unter dem neuen Dattenberger Pfarrer Heinrich Schmitt fiel 1885 die Entscheidung mit dem Spendensammeln für ein eigenes Gotteshaus zu beginnen. Ein Bauplatz stand auf dem Dattenberger Bornberg zur Verfügung. Schmitt notierte im 19.Jh.: „Ein Kirchenneubau in Dattenberg war schon seit Jahrhunderten ein unabweisliches Bedürfnis...“[1] Ein Kirchenneubau für den Ort Dattenberg war im 19. Jh. immer drängender geworden. Die alte Filial- und Dorfkirche St. Maria war zu klein und zunehmend baufällig geworden und der Weg nach Linz zu weit. Schon 1889 hatte man die veranschlagte Bausumme von 100.000 Reichsmark eingesammelt. Der Grundstein wurde 1890 gelegt. Planer und Architekten waren August Rüdell und Richard Odenthal (Köln)[2].

Schutzengel-Patrozinium ein Kompromiss

Schutzengel sind nach der katholischen Lehre jedem Gläubigen beigegeben. Ein Schutzengelfest entstand im 16. Jh. in Spanien. Die liturgische Verehrung der Schutzengel verbreitete sich in Europa nach und nach. Papst Clemens X. bestimmte im Jahr 1670 das Schutzengelfest für die katholische Kirche als Feiertag weltweit auf den 02. Oktober. Die Dattenberger Kirche wurde nun 1892 den Hl. Schutzengeln geweiht, weil sich die Kirchengemeinde nicht auf nur einen Patron für ihre neue Kirche einigen konnte. Die ungelöste Frage blieb, sollte man das Gotteshaus der Gottesmutter oder dem Hl. Antonius weihen?

Beschreibung

Innerhalb von zwei Jahren war eine Kreuzbasilika aus Backstein mit Querhaus in spätromanischen Formen entstanden.[3] Das Fundament wurde mit Basaltsteinen gelegt. Ein markanter, hoch aufragender Westturm wurde angebaut und mit einem Rhombendach gedeckt. 1938 verschwand ein altersschwach gewordener Dachreiter, der sich spitz zwischen Querschiff und Längsschiff nach oben streckte. „Man trauerte diesem wenig stilgerechten Attribut der neuromaischen Kirche nicht nach. Die Zifferblätter der Kirchenuhr wurden dafür höher gelegt.“[4] 1912 wurde die Kirche von Kirchenmaler Pehl erstmals ausgemalt. Zwei wertvolle Bronzeglocken mussten 1917 zur Kanonenherstellung für den 1. Weltkrieg geopfert werden. 1931 wurde eine Orgel angeschafft. 1938 wurde die Kirche ein zweites Mal ausgemalt. Im 2. Weltkrieg erlitt das Gotteshaus erhebliche Schäden, die Fenster mussten mit Blech notdürftig verschlossen, das Dach repariert werden. 1960/62 wurde die ursprüngliche Ausstattung entfernt, der Chorraum auf das Niveau des Kirchenschiff es angehoben und die Kirche so, wie sie sich heute repräsentiert,

1 Rings, Anton; Willscheid, Robert: „Dattenberg, ein Heimatbuch“, a. a. O., S.69 ff.
2 Dehio, Georg: „Handbuch der deutschen Kunstdenkmäler“, a. a. O., S.195.
3 Neu, Heinrich; Weigert, Hans: „Kunstdenkmäler im Kreis Neuwied“, a. a. O., S. 81.
4 Rings, Anton; Willscheid, Robert: „Dattenberg, ein Heimatbuch“, a. a. O., S.85.

neu ausgemalt. Im Herbst 2006 erhielt die Kirche vier neue Glocken. Das Geläut ertönt jetzt fünfstimmig. Dabei wurden drei der vier alten Glocken ersetzt und eine neue zusätzlich angeschafft. Die Gesamtkosten betrugen 98.000 Euro. Die fünf Glocken sind den heiligen Schutzengeln, der heiligen Mutter Gottes, dem hl. Antonius, dem hl. Donatus und dem hl. Benedikt geweiht. Die Monstranz, die aus dem Jahre 1710 stammt, wurde 2006 frisch vergoldet. Maßgeblich an der Finanzierung beteiligten sich die Herz-Jesu-Ehrenwache sowie der Kirchputzverein.

Steckbrief

Die Gemeinde liegt rechtsrheinisch an der B 42, etwa auf halbem Weg zwischen Köln und Koblenz. Sehenswert auch die Ruine der Burg Dattenberg mit den rekonstruierten Wehranlagen. Die in der ersten Hälfte des 13. Jh. erbaute Burg gilt als Stammsitz der niederadligen Familie von Dattenberg (auch von Dadenberg). Von der alten Kirche ist im Ort der kleine, spätstaufische Chor aus dem 13. Jh. mit 5/8-Schluss als Kriegergedächtnisstätte erhalten. Die Kapelle erhielt 2006 einen neuen Anstrich und das Dach wurde abgedichtet. Das Kriegerdenkmal wurde vom einheimischen Steinmetz Josef-Markus Pröls restauriert.

31

Ein „Hünnijer Jung“ wird Missionsbischof

BAD HÖNNINGEN Ein farbiges Ölgemälde auf Leinen in der katholischen Pfarrkirche St. Peter und Paul in Bad Hönningen ist ein erster Schlüssel, um zu verstehen, warum der Stadtrat eine Hönninger Gemeindestraße in „Bischof-Stradmann-Straße“ taufte. Ein zweiter Schlüssel, die Tür zu Bischof Stradmann zu öffnen, ist eine umfassende herausragende Arbeit des Hönninger Heimatforschers Jakob Weiler, der die weitgehend unbekannte Lebensgeschichte des ersten, aus Bad Hönningen stammenden katholischen Bischofs aufarbeitete.[1] Der hohe Würdenträger der Kirche wurde nach dem Hönninger Taufregister

Die Kirche wurde 1919/20 umgebaut, Seitenschiffe und Westquerschiff zugefügt.

als Joes Antonius Stradmann 1689 geboren[2]. Sein ursprüngliches Geburtshaus wurde in der Neustraße im 19. Jh. neu aufgeschlagen. Im Jahr 1738 ernannte Papst Clemens XII.[3]

1 Weiler, Jakob: „Johannes Antonius Stradmann aus dem Flecken Hüningen“, a. a. O.
2 Weiler, Jakob: „Johannes Antonius Stradmann ...“, a. a. O., S. 4 ff.
3 Clemens XII., (1652-1740) eigentlich Lorenzo Corsini, war Papst von 1730 bis 1740.

Ölgemälde auf Leinen, befindet sich an der rechten Stirnwand der Kirche. Bischof Stradmann tauft einen Inder. Anfang 19. Jh. von einem unbekannten Maler gemalt.

Joes Antonius Stradmann für seine außerordentlich schwierige und entbehrungsreiche Arbeit in Indiens Mission zum Bischof. Übertragen wurde ihm zugleich auch die Aufgabe eines Apostolischen Vikars aller indischen Missionen.[4] 1753 starb der Hönninger Missionsbischof in Indien. Joes Antonius Stradmann hatte als Hönninger Junge durch den Beruf der Eltern das notwendige „Kleingeld", um sich als Student an der Kölner Universität zu immatrikulieren. Der Vater war wohl Gutsverwalter des Trierer Kurfürsten für Güter in Bad Hönningen. 18-jährig ist der junge Stradmann 1707 im Kölner Universitätsmatrikelbuch nachweisbar. Im Augsburger Konvent der Unbeschuhten Karmeliter[5] wurde er zum Priester geweiht. Mit 32 Jahren schiffte er sich 1721 in Ostende auf einem holländischen Kauffahrerschiff nach Bombay ein. Er war im Auftrag des Karmeliterordens rund 30 Jahre auf dem Subkontinent als Missionar tätig.

Geschichte der Bad Hönninger katholischen Pfarrkirche

Eine Grundrisszeichnung aus dem Jahre 1715 ist für eine Vorgängerkirche der heutigen St. Peter und Paul-Kirche in Hönningen erhalten.[6] Danach maß diese Kirche, die 1718 niedergelegt wurde, etwa 20 mal 12 Meter. Es war eine dreischiffige Halle, das Mittelschiff ruhte auf vier Pfeilern, Arkadenbögen schieden die Seitenschiffe vom Mittelteil. Zwei Bad Hönninger Zehnthöfe, einer gehörte dem Trierer Kloster Simeonstift, der andere dem Bamberger Domkapitel, errichteten wohl gemeinsam im Mittelalter eine erste Kapelle in Hönningen. Eine erste eigenständige Pfarrei ist für 1135 bezeugt.[7] Die Geschichte der beiden St. Peter und Paul-Kirchen in Neuwied als auch in Bad Hönningen beginnt mit der Schenkung von Reichsgut vom unteren Mittelrhein an das 1007 neu geschaffene Bistum Bamberg. Hönningen wird 1019 in der Schenkungsurkunde von Heinrich II. ans

4 Weiler, Jakob: „Johannes Antonius Stradmann ...", a. a. O.
5 Die Unbeschuhten Karmeliten-Orden, gegründet 1568.
6 Weiler, Jakob: „Bad Hönningen, Chronik einer jungen Stadt", Bad Hönningen 1969, S. 37 ff.
7 Weiler, Jakob: „Bad Hönningen ...", a. a. O.

Der Altar mutet stark an Bauwerke in griechischen Tempeln an.

Bamberger Hochstift St. Georg erwähnt. 1004 fand die Grundsteinlegung des Bamberger Domes durch Kaiser Heinrich II. statt. Wie jeder deutsche König konnte der spätere Kaiser Heinrich II. auch Land und Boden aus Staatsbesitz der Domkirche in Bamberg schenken. Das Bamberger Domkapitel ließ zur Verwaltung und Lagerhaltung der landwirtschaftlichen Produkte aus dem geschenkten Land in Hönningen um 1019/1022 den St. Georgshof als Wirtschafts- und Zehnthof errichten. Heinrich II. berief den späteren Erzbischof von Trier, Poppo von Babenberg schon 1007 zum Domprobst von Bamberg. 1016 machte er ihn zusätzlich zum Erzbischof von Trier (1016-1047). König Heinrich II. schenkte ihm 1018 auch den Königshof Koblenz. Poppo von Babenberg konnte mit den vielen Einnahmen in Trier eine große Doppelkirche und 1035 neben ihr das Simeonstift bauen lassen. In die Doppelkirche wurde die Trierer Porta Nigra als Halle mit einbezogen. Das Trierer Simeonstift wurde ebenfalls mit Land und Weinbergen in Hönningen begütert.

Beschreibung

Von 1717-1720 wurde in Hönningen anstelle der niedergelegten Erstkirche ein neues, einschiffiges Gotteshaus errichtet, dabei wurde der alte, sechseckige Bergturm mit einbezogen. 1725 wurde die neue Kirche konsekriert. 1788 wurde der alte Turm abgebrochen, dafür ein Joch dem Kirchenschiff zugefügt und ein neuer Turm gebaut, der in seinem Chronogramm am Sockel die Jahreszahl 1788 zeigt.[8] 1903 erhielt der Turm einen neuen Helm. 1919/1920 erfolgte ein größerer Umbau der Pfarrkirche nach Plänen der Koblenzer Architekten Huch und Grefkes. Das Mittelschiff blieb erhalten, Seitenschiffe und ein Querschiff mit einem nach Westen gerichteten Chor wurden angebaut. Die Längswände der alten Kirche wurden in Bögen aufgebrochen und dadurch Mittelschiff und Seitenschiffe miteinander verbunden. Der Hochaltar stammt aus der früheren Kirche von 1789 und wurde aus Holz gefertigt. Der barocke Altar mutet mutet ein wenig an einen griechischen Tempel an, denn tatsächlich stehen vier korinthische Säulen auf einem halbkreisförmigen Sockel. Sie tragen eine Figurengruppe der Dreifaltigkeit und auf einem kräftigen Gebälk anbetende Engel. Lebensgroß die Kirchenpatrone Paul und Petrus. Die Statuen des hl. Sebastianus, des hl. Rochus, der hl. Apollonia und des hl. Antonius stammen von den verloren gegangenen Seitenaltären der alten Kirche des 18. Jh.

Steckbrief

Der Standort der kath. Pfarrkirche St. Peter und Paul in Bad Hönningen in Rheinufernähe, blieb in der gesamten Hönninger Pfarrgeschichte unverändert. 1969 anlässlich der 950-Jahr-Feier wurde die Gemeinde Bad Hönningen zur Stadt erklärt. Die Kirche steht an der Kirchstraße. Bad Hönningen ist gut über die B 42 zu erreichen.

8 Neu, Heinrich; Weigert, Hans: „Kunstdenkmäler im Kreis Neuwied“, a. a. O., S. 175.

32

Vincenz Statz baute nicht nur in Rheinbrohl

RHEINBROHL Die katholische Pfarrei St. Suitbertus Rheinbrohl gilt der Legende nach als die älteste rechtsrheinische Pfarrgemeinde am unteren Mittelrhein. Auch wenn den Autofahrern auf der B 42, der Umgehungsstraße von Rheinbrohl, die Kirche fast ins Auge springt, sollte dieser Blick auf die Kirche nicht täuschen. Unbedingt empfehlenswert ist, sich das Bauwerk von Rheinbrohls Ortsmitte aus aufsuchen. Nur so erkennt man, welches Kunstwerk Baumeister Vincenz Statz von 1852-1856 schuf. Beim damaligen Bau der Kirche fand man einen christlichen Grabstein des Knaben Pulevaldus aus dem 7. Jh. Der Stein ist ausgestellt im Gertrudenhof.[1]

Geschichte

Die ursprünglichen Pfarrrechte für Rheinbrohl lagen bei der Abtei Kaiserswerth. Pippin der Jüngere soll die Insel angelsächsischen Missionaren für einen Konvent gestiftet haben. Es gibt viele, heute nicht mehr haltbare Legenden aus dieser Zeit der Christianisierung von Friesland bis zum Rheintal. Der wohl 713 verstorbene hl. Suitbert, Patron der Rheinbrohler Kirche, gilt als Schüler des Missionars Willibrord. Suitbert zählt nicht zu den großen Gestalten der Germania Sacra. Er lebte im Kloster Kaiserswerth, das nachweislich das zweitälteste Mönchskloster in der riesigen Erzdiözese Köln war. Zur Finanzierung des Klosters dienten landwirtschaftliche Güter, die das Königshaus stiftete. Dazu gehörten Rheinbrohler Weinberge. Der dazugehörige örtliche Wirtschaftshof hat den

1 Schäfer, Hansfried: „Kleiner Kirchenführer durch die St. Suitbert-Pfarrkirche Rheinbrohl", Rheinbrohl 1999

Namen „Kaiserswerther Hof". Rheinbrohler Weinberge gehörten im 7. Jh. aber auch dem Kloster Nivelles (Belgien). Die frühmittelalterliche Rheinbrohler Kirche aus St. Suitberts Zeiten wurde um 880 durch Normannen zerstört, der Nachfolgebau erneut im Jahre 1198. Erhaltene Bauwerksreste des dritten Kirchenbaus haben romanische Stilmerkmale. Die Grafen von Sayn hatten seit Mitte des 13. Jh. die Landeshoheit über Rheinbrohl, verpfändeten aber aus Geldnot immer wieder die Zehnteinkünfte. So gelangte Rheinbrohl Mitte des 14. Jh. unter jülische Herrschaft; Mitte des 15. Jh. unter kurtrierische. 1561 führten die Grafen von Sayn die Wittenberger Reformation durch, auch für Rheinbrohl. Mit dem Aussterben der Grafen in männlicher Erbfolge gelangte Rheinbrohl an Trier bis zur Säkularisation 1803. Der Kurfürst von Trier führte 1613 wieder den katholischen Glauben ein.

Beschreibung

Die im neugotischen Stil 1852-1856 errichtete katholische Pfarrkirche St. Suitbertus ist das nachfolgende Gotteshaus.[2] Analog einer Reihe benachbarter Kirchen entstand es nach Plänen des Kölner Diözesanbaumeisters Vincenz Statz.[3] Die 50 m lange und im Querschiff 30 m breite Pfarrkirche wurde als dreischiffige Querhausbasilika errichtet mit 5/8 Chorabschluss. Neben dem Hauptportal besitzt die Kirche 4 weitere Eingänge. Jeweils einen an den Giebelseiten der Seitenschiffe aus der Erbauungszeit, während die Eingänge am nördlichen und südlichen Querschiff erst 1970 gebrochen wurden. Die unverputzte Kirche besticht einerseits durch ihre „Steinsichtigkeit", andererseits bedeutet es für die Kirchengemeinde einen erhöhten Erhaltungsaufwand. Steht man zu Füßen der Kirche, kontrastiert der mächtige Turm mit der gegenüberliegenden Rheinhöhenburg Rheineck und beherrscht die Rheinbrohler Rheinseite. Der Hochaltar, ein Flügelaltar in spätgotischem Stil erlitt erhebliche Kriegszerstörungen. Anhand von alten Bildern und geretteten Bildwerken konnte er wieder rekonstruiert werden. Der Altar hat eine Höhe von 9,80 m und mit offenen Flügeln eine Breite von 4,80 m. Im Retabel befinden sich Reliefs mit Bibelszenen. Hoch oben im Gesprenge

2 Gertrudenkapelle, deren Bausubstanz bis zum 13. Jh. noch in Resten vorhanden ist. Die Gertrudenkapelle besitzt einen Altar aus dem 17. Jahrhundert sowie die älteste Glocke Rheinbrohls aus dem Jahr 1696 (vergl. Bd. III der Buchreihe: „Ein Himmel aus Stein").

3 Baumeister Vincenz Statz (1819-1898) gilt als einer der bedeutendsten und einflussreichsten Vertreter der Neugotik im Rheinland. Er war Schüler von Ernst Friedrich Zwirner (Kölner Dombauhütte). Statz baute die Kirchen in Asbach (St. Laurentius 1867–71) oder Windhagen (St. Bartholomäus 1869–70). Der nicht studierte Statz schuf als sein bekanntestes Bauwerk den neuen Dom in Linz/ Oberösterreich.

Neugotische Seitenaltaraufsätze

mahnen vier Posaune blasende Engel an das Jüngste Gericht. Mit Ausnahme der Engel sind alle anderen figürlichen Darstellungen noch Originalarbeiten aus der Werkstatt von Otto Mengelberg 1884. Die gemalten Flügel zeigen die Kirchenlehrer Augustinus, Suitbertus, Hieronymus und Ambrosius. An der Ostwand des nördlichen Seitenschiffes befindet sich der Altaraufbau des Marienaltares von 1888. Die Seitenaltaraufsätze sind neugotisch. Die Nischen seitlich des hochaufragenden Mittelteiles enthalten zwei vollplastische Holzfiguren aus spätgotischer Zeit, links die hl. Barbara und rechts die hl. Katharina (um 1470) darstellend. Beides hervorragende Arbeiten des Kölner Meisters Tilman van der Burch. Im südlichen Querhaus trägt der Altaraufsatz eine lebensgroße Plastik des hl. Suitbert, geschaffen Mitte des 18. Jh. Weitere wertvolle Statuen und Bildnisse befinden sich in der Kirche, so eine rheinische geschnitzte Sitzmadonna, die „Madonna aus der Kehr", die ihren Weg über einen „Umweg" bei einem Antiquitätenhändler in die Rheinbrohler Kirche fand. Die Fenster wurden zu unterschiedlicher Zeit im 20. Jh. gestaltet.

Wurzelkrippe und Bemmschlagen

Besonders zwei Bräuche müssen für die Rheinbrohler katholische Pfarrkirche genannt werden. In Rheinbrohl wird auch im 3. Jahrtausend der neuen Zeitrechnung der Brauch des „Bemmschlagen" oder des „Beiern", wie es anderswo genannt wird, ausgeübt. Der jahrhundertalte Brauch ist im Rheinland bis ins 14. Jahrhundert zurück zu belegen. Die „Bemmschläger-Zunft" ist eine der traditionsreichsten Rheinbrohler Vereinigungen. Während der österlichen Zeit und zu besonderen Anlässen ist dieses seit Jahrhunderten überliefere Festtagsgeläut von Glockenturm der Suitbertkirche zu hören. Und zur Weihnachtszeit sollte man es nicht versäumen, die wunderschön gestaltete Wurzelholzkrippe in der Kirche aufzusuchen. Die gesamte Darstellung ist alljährlich ein Wunderwerk aus Wurzeln, Stroh und natürlichem Grün.

Die „Madonna aus der Kehr", die ihren Weg über einen „Umweg" bei einem Antiquitätenhändler in die Rheinbrohler Kirche fand.

Baumeister Victor Statz schuf mit der Kirche ein Kunstwerk im 19. Jh.

Steckbrief

Rheinbrohl ist von der B 42 aus sehr gut zu erreichen. Fährverbindung zum linken Rheinufer. In Rheinbrohl beginnt der ehemalige römische Limes, der am 15. Juli 2005 von der UNESCO in die Weltkulturerbe-Liste aufgenommen wurde. Mit dem PKW kommt man ohne weiteres durch die Kirchstraße zur Kirche. Hansfried Schäfer hat einen sehr schönen Beitrag zur Kirche und zu ihrer Geschichte ins Internet gestellt: www.seelsorgeeinheit-rheinbrohl.de/NEUSUIT.htm. Der Parkplatz ist hinter der Kirche. In Rheinbrohl lohnt ebenfalls der Besuch des neuen Erlebnismuseums „Römerwelt".

Die Krippenbauer Dietmar Waldorf (links) und Klaus Volmers 2009 beim Aufbau der größten Naturholzwurzelkrippe Europas.

33

Oberhofprediger Baur weiht Rheinbrohler Kirche

RHEINBROHL Inmitten des Rheinörtchens Rheinbrohl an der Hauptstraße weihte der Generalsuperintendent der Rheinprovinz, Oberhofprediger Dr. Wilhelm Baur am 20. September 1888 den Neubau einer evangelischen Kirche ein. Der Wiesbadener Architekt Friedrich Lang zeichnete verantwortlich für die im neugotischen Stil errichtete Kirche. Das dreijochige Kirchenschiff ist knapp elf Meter lang und sieben Meter breit. Die Kirche wurde im 2. Weltkrieg schwer beschädigt und konnte lange Zeit nicht genutzt werden. Von ihrer alten Inneneinrichtung wurden später nur die Kirchenbänke weiter verwendet. Seit 1959 besitzt die Kirche drei Glocken, nachdem sie im 1. als auch im 2. Weltkrieg ihre beiden Glocken zur Kriegswaffenproduktion abgeben musste. Umfangreich wurde das Gotteshaus in den 1960er Jahren renoviert sowie neue Fenster eingesetzt. Bei der erneuten Renovierung 1980/81 wurde die Kirche mit einer neuen Kanzel, einem Hängekreuz und einem Radleuchter ausgestattet. Die Orgel wurde 1983 angeschafft. Im Jahr 2013 kann die evangelische Kirche in Rheinbrohl ihren 125. Geburtstag feiern.

Steckbrief

Die evangelische Trinitatis-Kirchengemeinde, zu der Rheinbrohl gehört, ist groß: Sie erstreckt sich von Rheinbreitbach über Unkel, Bad Hönningen und Linz bis Rheinbrohl. Sie umfasst vier Predigtstätten: Ev. Kirche Linz, Ev. Kirche Bad Hönningen, Ev. Kirche Rheinbrohl, Ev. Kapelle Rheinwaldheim. Jeden ersten Sonntag im Monat findet in Rheinbrohl ein Gottesdienst um 09.00 Uhr statt. Hauptstraße Rheinbrohl.

34

Kapelle mit deutschlandweit einzigartigem Glockengeläut

OBERHAMMERSTEIN Die für Ende des 12. Jh. nachgewiesene romanische kath. Pfarrkirche St. Georg im Hammersteiner Ortsteil Oberhammerstein hat trotz ihrer vielen Um- und Anbauten ihren Charakter bewahrt. Die Kapelle am Rheinufer war deutscher Königsbesitz. 1356 wird die Kapelle als bepfründete Pfarrkirche, 1359 jedoch wieder als freie Kirche bezeichnet. Mit der Lehenshoheit über Burg Hammerstein ging das Patronatsrecht wohl spätestens im 15. Jh. an Kurtrier über. Zur bis heute eigenständigen Pfarrei kam 1524 Niederhammerstein hinzu. Bei Hammerstein entstanden im Mittelalter zwei eigenständige Siedlungen, das rheinabwärts gelegene Niederhammerstein sowie das unmittelbar zu Füßen der Burg liegende Oberhammerstein mit seinen historischen Bauwerken, dem Königshof mit der spätromanischen Kirche (1167 n. Chr.) sowie das 1775 n. Chr. erbaute Pfarrhaus.[1]

Alte Lithografie zu Burg Hammerstein, Sammlung Hans Fichtl, Neuwied.

Geschichte

Burg Hammerstein auf dem das Rheintal beherrschenden Felsmassiv wurde schon im 10. Jh. als ein Stützpunkt für den Verwaltungsgrafen errichtet. Damals stellte das Grafenhaus

1 Löhr, Hermann-Joseph: „Geheimnisvolle Burgen- und Schlösserwelt ...“, a. a. O., S. 156.

der Konradiner den herrschenden Grafen des „Engersgau“.[2] Hans Weigert belegt die erste urkundliche Erwähnung der Hammersteiner spätromanischen Kirche für 1288, als Friedrich von Hammerstein, ein Bruder des Burggrafen Ludwig von Hammerstein, zum Rektor der Kirche durch den römisch-deutschen König Rudolf von Habsburg (1218-1291) bestellt wurde.[3] Je nach Stand der Technik wurde die ursprüngliche Kirche mehrfach verändert, erstmals im 15. Jh. wurde das Mittelschiff überwölbt mit doppelt gekehlten Rippen, die auf Konsolen ruhen. Die sich zu den Seitenschiffen hin öffnenden Scheidbögen – drei auf jeder Seite – sind wohl angelegt worden, als die Seitenwände aufgebrochen und 1686 Seitenschiffe angebaut wurden. Die Fenster im Obergaden, oberhalb der Fenster der Seitenschiffe, wurden vergrößert. 1894 wurden die Seitenschiffe erneuert und die Kirche neu ausgemalt. 1930 wurden die Seitenschiffe von Grund auf neu aufgeführt. Der Turm ist aus Tuff gemauert. Vom ursprünglichen romanischen Material ist nicht mehr viel zu sehen.

Beschreibung

Der Bau ist eine dreischiffige, querschiffslose Basilika mit quadratischem Chor, mit einem Kreuzgratgewölbe auf Schildbogen und Konsolen; nach außen auf der Südseite mit einem Rundbogenfries abgeschlossen. Er trägt ein achtseitiges Turmgeschoss,das in jeder der freiliegenden Seiten eine, gegen die Mauerfläche einmal zurückgestufte Zwillingsarkade hat. In den Nordseiten werden die Arkaden von Pfeilerchen, in den Südseiten von Säulchen mit Kelchkapitellen und Palmetten[4] getragen. Der Chor wurde ebenso wie Langhaus und Seitenschiffe überwiegend aus Grauwacke und Schiefer gebaut. Seit 1704 befindet sich auf der Westseite ein Dachreiter. Der Hochaltar stammt aus dem 18. Jh. und zeigt die Statue des Heiligen Georg. Die Kanzel wurde Anfang 18. Jh. geschnitzt. Der Gnadenstuhl“ symbolisiert die Hl. Dreifaltigkeit. Pfeifen und Gehäuse

„Der Gnadenstuhl“ von 1650, eine Darstellung der Hl. Dreifaltigkeit in der Pfarrkirche St. Georg. Ursprünglich ein Bildstock auf dem nahen Berg.

2 Im fränkischen Staatssystem herrschte der Grundsatz, das alles Land dem König gehörte und er das Land aus Verwaltungszwecken als Lehen vergab. Die Einteilung des Staatsgebietes in eine fränkische Gauverwaltung mit angeblich 100 Gauen, die Karl d. Gr. geschaffen habe, ist historisch nicht haltbar. Das Wort Gau wurde erst von der Geschichtsschreibung zw. dem 17. und 19. Jh. im Wesentlichen geprägt. Für die Einteilung der Verwaltung des ostfränkischen Reiches unterhalb der Königsebene ist es historisch genauer, von Herzogtümern und Grafschaften zu sprechen.

3 Neu, Heinrich und Weigert, Hans: „Die Kunstdenkmäler des Kreises Neuwied“, a. a. O., S. 156 f.

4 Eine Palmette ist die symmetrische Abstraktion eines Palmenwipfels als Grundform der Ornamentik.

der Orgel stammen von 1735, ihre Mechanik von 1923, der Spieltisch von 1936. Über dem Triumphbogen, der Öffnung zwischen Langhaus und Chor, befindet sich ein hölzerner, lebensgroßer Kruzifixus aus dem 17. Jh. Die jüngste Restaurierung der Kirche war Anfang unseres Jahrhunderts. Im Inneren des Gotteshauses wurden die von Hochwasser betroffenen Wände gestrichen und die wertvollen Paramentenschränke[5] wurden restauriert.

5 Paramente sind die im Kirchenraum und in der Liturgie verwendeten Textilien.

Wunder geschehen

Von einem kleinen Wunder aus dem frühen 18. Jh. berichteten Einheimische. Der gekreuzigte Heiland bewahrte den damaligen Pfarrer Johannes Heinrich Siever vor einem bösen Fall. Bei einer Renovierung 1704 war der Pfarrer auf das Gerüst gestiegen, kam zu Fall und stürzte vom Gerüst nach unten. Dabei blieb der Pfarrer mit seiner Soutane am Kreuz hängen, der hölzerne Heiland und der Pfarrer blieben unbeschädigt. Unter dicken Farbschichten entdeckte man einer erneuten Renovierung 1982 eine Inschrift neben dem Kreuz, die ebenfalls auf diese Begebenheit hinwies.

Einzigartig in ganz Deutschland: Die Glocken von Oberhammerstein

Die Glocken von Oberhammerstein reichen ins 12. Jh. zurück. Sie stellen das einzige romanische Doppelgeläut überhaupt in Deutschland dar.

Die Kirche besticht mit barocken Ausstattungen und einem lebensgroßen Kruzifix.

Steckbrief

Das Ensemble von Oberhammerstein mit der spätromanischen Kirche liegt direkt an der Bundesstraße B 42. Im Heizungsraum unter dem Pfarrhaus befindet sich noch ein auf die karolingische Zeit zurückgeführtes Gewölbe. Das Kelterhaus hinter der Kirche wurde 1868/69 erbaut. Alle Gebäude bilden sicherlich ein einmaliges Ensemble. Die Gesamtanlage ist unter Denkmalschutz gestellt. Das Kleinod wird nachts angestrahlt. Man kann gut in einer halben Stunde die Ruine von Hammerstein erwandern. Der Blick von dort ins Rheintal ist einmalig.

35

Was den Wienern ihr Grinzing, ist den Neuwiedern ihr ...

LEUTESDORF Was den Wienern ihr Grinzing[1], ist den Neuwiedern ihr Leutesdorf. Einmal mehr lädt der schmucke barocke Winzerort Leutesdorf mit seinen beiden barocken Kirchen und zahlreichen stattlichen Häusern, teils in Fachwerk, aus dem 17. und 18. Jh. zum Besuch. Schon von weit her ist der vergoldete Wetterhahn auf dem mächtigen, 42 Meter hohen Kirchturm der Pfarrkirche St. Laurentius zu erkennen. Die Ursprünge der heute in der Ortsmitte gelegenen katholischen Pfarrkirche St. Laurentius gehen auf eine romanische Kirche zurück, ein Pfarrer ist schon für 1157 bezeugt.[2] Die erste Pfarrkirche lag zur Zeit der Romanik noch am Dorfrand. Der Turm bildete den östlichsten Punkt der Dorfmauer, wobei der Glockenschlag des hohen Turmes für alle Untertanen fernab in den Weinbergen gut zu vernehmen war. Die heutige, barocke Pfarrkirche wurde 1728-30 erbaut. Bauherr der ersten Kirche war Triers lothringischer Erzbischof Heinrich von Finstingen 1260-1282). Er wurde im Rheinland auch bekannt, weil er 1277 den Koblenzer

1 Das dörfliche Stadtbild des bekannten Wiener Heurigenviertels Grinzing ist unter Denkmalschutz gestellt, geprägt von gemütlichen Heurigenlokalen, bekannten Landgasthäusern und vielbesuchten Cafés.

2 Neu, Heinrich; Weigert, Hans: „Die Kunstdenkmäler des Kreises Neuwied", a. a. O., S. 200 ff.

Ratsherren die Zwingburg (Alte Burg) gegen deren Unabhängigkeitsbestrebungen in die Stadt am Moselufer baute. Dem von ihm 1272 gestifteten Kollegiatstift[3] Kyllburg (Eifel) musste fortan die Leutesdorfer Pfarrkirche den Kirchenzehnt überweisen. Das Stift vergab wiederum die Pfründe „Pfarrer für Leutesdorf".

Kirche

Der Trierer Erzbischof Franz Ludwig ließ 1728-30 die barocke Pfarrkirche als Nachfolgekirche von seinem Hofbaumeister Paul Kurz errichten. Kurz war auch beteiligt am Bau des kurfürstlichen Barockpalastes in Prüm. Das saalförmige Leutesdorfer Kirchenschiff wird getragen von vier schalen Jochen mit Strebepfeilern und Kreuzgewölben auf dorisierenden Pilastern. Eingezogener Chor mit 5/8 Schluss und Bandrippen.[4] Im Innern der Kirche sind als besondere Ausstattungsstücke die beiden Seitenaltäre und die Kanzel zu nennen. Die Kanzel trägt am Schalldeckel die Jahreszahl 1747. Die barocke Einrichtung stammt aus der Erbauungszeit, der barocke Hochaltar von 1908 wurde in Münstermaifeld gearbeitet. Bemerkenswert sind Fresken, die um 1200 und 1500 entstanden. Den gotischen Chorraum der Pfarrkirche nutzen die Leutesdorfer heute als Taufkapelle. Dort steht der Taufbrunnen der ersten Kirche aus dem Jahre 1200, er ist 1,05 m hoch und hat einen Durchmesser von 1,06 m. Aus dem Sockel steigen sechs Blätter, deren Spitzen sich einrollen.

Der Hochaltar wurde 1908 erbaut, die beiden Seitenaltäre von Anton Grosch 1708.

3 Die Mitglieder wurden von dem Ertrag der Stiftsgüter und Zehnten unterhalten.
4 Dehio, Georg: „Handbuch der deutschen Kunstdenkmäler ...", a. a. O., S. 555.

Stumm Orgelwerk gilt als best erhaltenes Werk überhaupt

Die Leutesdorfer Stummorgel wird immer wieder zu außergewöhnlichen Konzerten gespielt. Sie gilt als das im Originalzustand am besten erhaltene und als das einzige erhaltene dreimanualige Orgelwerk der berühmten Orgelbauerfamilie Stumm. Altmeister Johann Michael Stumm hat sie in den Jahren 1734/35 für Leutesdorf erbaut. Sie verfügt über 31 Register, verteilt auf Hauptwerk, Rückpositiv, Echowerk und Pedal. 90 % des Gesamtpfeifenwerkes ist im Original erhalten.

Stumm-Orgel in Leutesdorf.

Die Familie Stumm gehört mit ihrem Hauptvertreter Johann Michael Stumm zu den berühmtesten Orgelbauer-dynastien Deutschlands. In sieben Generationen sind über 370 Orgeln (davon 140 erhalten bzw. restauriert) durch sie errichtet worden. Die Familie entstammte dem Hunsrück, wo auch die meisten Werke zu finden sind.

Steckbrief

Die Pfarrkirche St. Laurentius überragt weithin sichtbar die Gemeinde mit ihrem romanischen Turm. Standort auf einer Anhöhe an der B 42, die durch den Ort führt. Neben der Kirche befindet sich der Friedhof. Ein kleines Dorfmuseum bietet einen guten Einblick in die Geschichte. Die sehr alte Reichsabtei "Frauenstift Herdorf"(9.Jh.) hatte in Leutesdorf einen zinspflichtigen Hof, an ihn erinnert der Fronhof. Neben der Kirche befindet sich der Friedhof. Wegen des größten europäischen Kaltwassergeysirs wurde eine Fähre zum Erlebniszentrum und zum Geysir in Andernach als Personenfähre reaktiviert.Fähre zum Erlebniszentrum und zum Geysir in Andernach als Personenfähre reaktiviert.

36

Kasbach teilt die Erzbistümer Köln und Trier

KASBACH In den Jahren 1905/06 weihten die Kasbacher Katholiken ihr neues Gotteshaus der heiligen Maria Magdalena. Errichtet wurde eine kleinere, neugotische Saalkirche mit eingezogenem Chor und Westflankenturm, unter der architektonischen Bauleitung von August Kaufhold (Friedenau).[1] Eigentlich sollte für die Ohlenberger, die Ockenfelser und die Kasbacher Katholiken ausgangs des 19. Jh. ein gemeinsames Gotteshaus auf einem Grundstück im unteren Bereich von Ohlenberg entstehen. Das dafür vorgesehene Grundstück lag an der heutigen „Breitestraße" und war im Besitz der Pfarrgemeinde. Die Katholiken aus Ockenfels und Kasbach wollten den neuen Standort, in Ohlenberg aber führten die Pläne zu großem Murren. Es gelang weder Pfarrer Klering (1869-1888), noch dem Vettelschosser Vikar Klöckner als Abwesenheitsvertreter (1888-1898), noch dem neuen Pfarrer Mumbauer (1898-1903) eine gemeinsame Kirche für die drei Orte als Kompromiss umzusetzen. Folglich errichteten die Ohlenberger Katholiken nahezu zeitlich parallel zu den Kasbachern unter dem neuen Pastor Johann Feil (ab 1903) ein eigenes neues Gotteshaus. Johann Feil war Pastor der Pfarrei St. Nikolaus Ohlenberg von 1902 bis 1908. Sein Priestergrab liegt neben der Kirche in Ohlenberg und wurde 2009 vom örtlichen Bauhof unter Anleitung des Beigeordneten der Ortsgemeinde, Leo Burghard renoviert. Die Dörfer Kasbach und Ohlenberg mussten zum Neubau von zwei Kirchen erhebliche Eigenleistungen erbringen, damit Anfang des 20. Jh. zwei neue Gotteshäuser in ihren Dörfern in so kurzer zeitlicher als auch räumlicher Distanz entstanden.

1 Dehio, Georg: „Handbuch der Deutschen Kunstdenkmäler", Ausgabe Rheinland-Pfalz, a. a. O., S. 429.

Kasbach wurde mal mit „C“ geschrieben

Der kleine rechtsrheinisch in den Rhein mündende Kasbach, früher anstelle des „K“ mit „C“ geschrieben, kennzeichnete schon im frühen Mittelalter eine rechtsrheinische Verwaltungsgrenze innerhalb des fränkischen Reiches. Südlich des „Casbaches“ lag die Vorortverantwortung im frühen Mittelalter beim Geschlecht der Ezzonen (später Pfalzgraf), der den sogenannten Engersgaues beherrschte. Im letzten Drittel des 10. Jh. hatte die Pfalzgrafschaft die Macht von Unkel bis Siegburg. Nördlich des Casbaches befand sich der von Historikern so bezeichnete Auelgau, der bis ins 11. Jh. hinein Einflusszone der Ezzonen war. Die frühe fränkisch-karolingische Verwaltungsgrenze, sehr viel später von Mittelalterhistorikern versprachlicht als Gaugrenze, bildete im 12. Jh. die kirchenrechtliche Grenze zwischen den Erzbistümern Köln und Trier, nicht jedoch die polit. Staatsgrenze der Kurstaaten Köln und Trier.

1100-Jahr-Feier

Die Gemeinde Kasbach-Ohlenberg konnte im Jahr 1982 im Bürgerhaus ihren 1100. Geburtstag feiern. Heimatforscher Josef Engels war im Bistumsarchiv Trier fündig geworden. Engels hatte mehr als zehn Jahre nach einem Vertrag über einen Gütertausch der Abtei Prüm aus dem Jahre 882 gefahndet. Das Prümer Kloster war im frühen Mittelalter in Caspach begütert worden. Engels entdeckte die Urkunde des Prümer Klosters schließlich im Stadtarchiv Trier.[2] Weitere frühe urkundliche Erwähnungen des Ortes Caspach finden

2 Festschrift „1100 Jahre Kasbach-Ohlenberg“, Kasbach-Ohlenberg 2003

sich im Prümer Urbar von 893 als auch in einer Urkunde des Kölner Bistumsarchiv aus der Zeit des Canossagangs von König Heinrich IV. Der vom Papst nicht anerkannte Kölner Erzbischof Hildolf (1076-1078) unterzeichnete 1076 eine Besitzurkunde für einen Hof in Caspach.

Geschichte

Bis 1935 war der Ort Kasbach geteilt in „Oberkasbach" und „Niederkasbach". Oberkasbach gehörte politisch zum Bürgermeisteramt Linz, während der Ort Niederkasbach dem Amt Unkel unterstand. Eine erste Kapelle in Oberkasbach stürzte 1633 ein.[3] Eine neue Kapelle wurde 1661 von den Kasbacher Bürgern errichtet und 1693 erweitert.

Beschreibung

Die neue Kasbacher Kirche wurde zwei Jahre nach dem Neubau von Ohlenberg 1905/06 vom Baumeister August Kaufhold im neugotischen Stil errichtet. Der Innenraum ist gewölbt und wird von Wandpfeilern getragen. Der Bau wurde ergänzt um eine querhausartige Seitenkapelle. Im Juli 1905 war Grundsteinlegung und schon einen Sommer später 1906 Kirchweihfest. Patron war der hl. Michael, ein weiteres Patrozinium wurde von der hl. Maria Magdalena erbeten. Den 100. Weihetag ihrer Kirche feierten die Kasbacher im Jahr 2006 ähnlich wie die Einweihungsfeier ein Jahrhundert zuvor, mit einem Hochamt, einer Prozession durch den Ort und mit einer Kirmes. Die Kasbacher Kirche besitzt als wertvolle Bildnisse eine Pietà aus dem 15. Jh. aus böhmischem Sandstein, eine St. Michael-Holzplastik und eine Monstranz jeweils aus der Barockzeit. Die jüngste Renovierung des Gotteshauses war 2005, die Heizungsanlage der Kirche und der Innenanstrich wurden erneuert.

Wertvolle Kasbacher Pietà im Bonner Museum

Neben dem Adel waren Kirchen und Klöster die einzigen Auftraggeber für die Künstler des Mittelalters. Die Kunst in den Kirchen hatte stets eine religiöse Motivation, den Menschen sollten bewusst Bilder gegeben werden. Kölns Erzbischof Walram von Jülich (1304-149) gab „Hausmadonnen" aus Stein erstmals im 14. Jh. in Auftrag. Bald waren die rheinischen Madonnen im gesamten Bistum verbreitet.
Eine ca. 62 cm hohe böhmische Pietà aus der ehemaligen Kirche in Oberkasbach und jetzt der Kasbacher Kirche gehörend, wurde zur Jahreswende 2009/10 im Rheinischen Landesmuseum in Bonn gezeigt. An ihr wird deutlich, dass das Bedürfnis nach Schönheit auch in der Trauer bestehen blieb, denn das Gesicht der Kasbacher Pietà ist auch im Leiden noch schön. Gefertigt ist die Kasbacher Pietà aus Kalkstein im Mittelalter, um 1420- 30. In der Geschichte des Marienbildes bilden die Jahrzehnte vor und um 1400 einen Höhepunkt. „Kaum je zuvor oder danach gelang den Künstlern eine so vollkommene Verbindung von irdischer und überirdischer Schönheit, Ideal und Realität, theologisch gehaltvoller Aussage und menschlicher Nähe."[4] Als die Epidemie „Beulenpest" durch das Heilige Römische Reich deutscher Nation zog, entstanden Bilder der Trauer für Gläubige,

3 Neu, Heinrich; Weigert Hans: "Kunstdenkmäler der Rheinprovinz, a. a. O. S. 328 ff.
4 Text: Website des Rheinischen Landesmuseums Bonn; rlmb.lvr.de/Ausstellungen 31.12.2009.

die in den Kirchen Trost suchten. In Böhmen wurden insbesondere Vesperbilder geschnitzt oder aus Sandstein gemeißelt, die bald ihren Weg nach Deutschland fanden. Die Pietà symbolisierte als Marienbild die Trauer, denn wenn selbst der Sohn Gottes sterben musste, sollte dies den Menschen Halt geben. Maria hält den toten Heiland im Arm.

Die ca. 62 cm hohe Pietà aus der Kasbacher Kirche wurde im Rheinischen Landesmuseum in Bonn ausgestellt. Foto: LVR-Museumsverbund, Hans-Theo Gerhards

Steckbrief

Die Gemeinde Kasbach-Ohlenberg liegt an der B 42 zwischen Unkel und Linz. Der Kasbach wurde im fränkischen Reich als Grenzflüsschen herangezogen, um den Verwaltungsbezirk Auelgau (Siegburg) vom südlichen Engersgau abzutrennen. Aus der Gaugrenze wurde später die Grenze zwischen den Erzbistümern Trier und Köln. Bis 1935 war der Ort Kasbach geteilt in „Obercasbach“ und „Niedercasbach“.

37

Glocken von St. Nikolaus rufen vierstimmig zum Gebet

OHLENBERG Ein neues vierstimmiges Glockengeläut erhielt die katholische Ohlenberger Pfarrkirche St. Nikolaus 2009. Gleichzeitig wurde der alte Glockenstuhl saniert und gesichert. Werner Rössel, Propst der Hohen Domkirche St. Peter zu Trier, der ältesten Bischofskirche Deutschlands, weihte die festlich geschmückten Glocken in Ohlenberg. Rössel betonte dabei, dass Glocken immer auch ein Geheimnis bergen würden, denn es sei immer wieder erstaunlich, dass mit Hilfe der Erde himmlische Musik zum Leben erweckt werden würde.[1] Nach der Glockenzerstörung im 2. Weltkrieg behalf sich die Kirchengemeinde lange Zeit mit Notglocken, gegossen aus Zink und Aluminium. Die neuen, drei kleineren Glocken wurden auf die Namen hl. Maria, hl. Michael und hl. Donatus getauft, die große Glocke trägt die Namen des hl. Nikolaus und des hl. Antonius.

Domprobst Werner Rössel bei der Glockentaufe, Foto: Sabine Nitsch

1 Nitsch, Sabine: „Glocken rufen bald vierstimmig zum Gebet“, in RZ Ausgabe AL, 23.11.2009, S. 11.

Geschichte

Die verwitwete Gräfin Mechthild von Sayn verkaufte 1250 ihre gesamten Burgen und Besitzungen einschließlich der Ohlenberger Wald- und Ackerflächen dem Kurstaat Köln. Dadurch unterstanden die Höfe Ohlenbergs weltlich bis 1803 dem Staat Kurköln. Kirchenrechtlich blieb Ohlenberg Teil des Pfarrsprengels Linz und unterstand dem Trierer Bischof. Seit dem 14. Jh. wurde eine Kaplanstelle von der Ohlenberger St. Nikolaus-Kapelle finanziert, der Kaplan war zugleich aber auch Vikar des St. Michael-Altares in der Linzer St. Martinkirche. 1775 trennte sich Ohlenberg als eigenständige Pfarrei von Linz ab, der Vikar war nur noch für Linz zuständig, Ohlenberg erhielt einen eigenen Pfarrer, der aber weiterhin vom Linzer Stadtrat bestätigt werden musste. Zehntpflichtigen Besitz in Ohlenberg hatten das Kloster St. Katharinen[2] und das Kölner St. Aposteln-Stift. Die romanische Kölner Basilika St. Aposteln ist Nachfolgerin des damaligen Stiftes, sie steht in der Kölner Altstadt.

Ein Teil des Chors ist aus dem 13. Jh., der Turm wurde im 17. Jh. erbaut.

Neubaupläne

Die erste steinerne Kirche wurde in Ohlenberg in der 2. Hälfte des 13. Jh. im gotischen Stil errichtet. 1701 wurde der Kirchturm errichtet, er erhielt eine barocke Bekrönung. Ende des 19. Jh. war die alte Ohlenberger Pfarrkirche aufgrund der Bevölkerungsentwicklung zu klein und genügte auch nicht mehr den Ansprüchen der Pfarrgemeinde. Über den Standort für einen Neubau wurde viele Jahre gestritten, der Bauplatz einer gemeinsamen Kirche zwischen den kirchlichen Gemeindevertretungen von Kasbach, Ockenfels und Ohlenberg heftigst diskutiert. Am 24. Juli 1898 beschlossen Pfarrer und der Ohlenberger Kirchenvorstand den neuen Baukörper auf einem Teil des alten Friedhofes zu errichten, an den alten Kirchturm und den Chor des Altbaus angelehnt. Der Bau einer völlig neuen Kirche erschien den Ohlenbergern wegen Mangel an Mitteln aussichtslos. Eine 1902 gemachte Kostenaufstellung für den Bau der Kirche nannte „ohne die gratis zu leistenden Frondienste" insgesamt 38.000 Reichsmark an Baukosten.[3]

2 Zeimet, Johannes: „Die Cistercienserinnenabtei", a. a. O., S. 198.
3 Funk, Werner: „Glocken hängen sicher im alten Turm", RZ Ausgabe AL, 03.01.2001; S.16.

Beschreibung

Beim Neubau der quergerichteten, zweischiffigen Basilika in romanischen Formen im Jahr 1903 blieb der Chor der alten Pfarrkirche erhalten. Der barocke Turm steht vor dem Scheitel des alten Chores. Sein Untergeschoss diente als Sakristei. Die „Pseudobasilika“[4] mit schmalem, im gebundenen System angeschlossenem Seitenschiff wurde umgesetzt nach den Plänen des Mainzer Dombaumeisters Professor Ludwig Becker unter der Bauleitung von Architekt Kaufhold. Im Neubau steht der alte Chor mit neuem Gewölbe als Seitenkapelle senkrecht zu dessen Achse. Der alte Chor steht auf drei Seiten des Achtecks (3/8 Schluss). In den Ecken stehen auf Konsolen Säulen, um deren Kapitelle einzelne grobe Blätter ranken. Das hochgotische Kreuz, ein eindrucksvolles Triumphkreuz aus der Mitte des 13. Jh., stammt aus der alten Kapelle. Um dem Gesamtbau einen einheitlicheren Anblick zu vermitteln, wurde 1905 der Verputz vom alten Turm beseitigt, der damalige Provinzialkonservator hatte geraten, das Basaltsäulenmauerwerk des Turmes wieder sichtbar werden zu lassen, weil es für die Gegend von Ohlenberg und wegen der Nähe zu den Basalt-Steinbrüchen des Minderbergs und Düstemich charakteristisch sein würde.

Steckbrief

Die Gemeinde Kasbach-Ohlenberg liegt an der B 42 zwischen Unkel und Linz. Der Kasbach wurde im fränkischen Reich als Grenzflüsschen herangezogen, um den Verwaltungsbezirk Auelgau (Siegburg) vom südlichen Engersgau abzutrennen. Aus der Gaugrenze wurde später die Grenze zwischen den Erzbistümern Trier und Köln. Bis 1935 war der Ort Kasbach geteilt in „Obercasbach“ und „Niedercasbach“.

4 Dehio, Georg: „Handbuch der Deutschen Kunstdenkmäler, Ausgabe Rheinland-Pfalz ...“, a. a. O., S. 789.

38

Erpeler „Drei-Künnije-Pörzje" führt in die St. Severinuskirche

ERPEL Der Marktflecken Erpeler Herrlichkeit,[1] hatte im Mittelalter dem Kölner Domkapitel seinen Zehnt abzuliefern. Erpel hat sich sein beeindruckendes Ortsbild bewahren können, mit Resten einer rechteckigen Stadtmauer (1420), den Eingängen Rhein- und Neutor, mit schmalen Gassen, baumbestandenen Winkeln sowie dem renovierten Rathaus (1780). Marktrechte und Stadtmauer waren im Mittelalter eigentlich nur Städten vorbehalten, Erpel blieb trotz der genannten Attribute ohne Stadtrechte. Eingezwängt zwischen Rathaus und altem Pfarrhaus mit gärtnerisch umgestaltetem ehemaligem Friedhof steht die historische kath. Pfarrkirche St. Severinus, ein Genuss spätstaufischer Kunst. Ihr „Drei-Künnije-Pörzje"[2] wird dem Ortsfremden immer wieder gerne mit Stolz gezeigt.

1 Erpel war selbständiger Gerichtsbezirk, hatte eigene Rechte, daher der Begriff "Herrlichkeit".
2 Drei-Künnije Pörzje ist kölnischer Dialekt und bedeutet Drei-Königs-Pforte.

Spätromanische Emporenbasilika

Wie die Kirchen St. Martin (Linz) oder St. Peter und Paul (Sinzig) gehört Erpels kath. Pfarrkirche St. Severinus einem gemeinsamen Baustil an, von Dehio als „Bautengruppe um die Ahrmündung“[3] bezeichnet. Der heiliggesprochene Severin war um 400 n. Chr. in der bekannten Reihenfolge der dritte Bischof von Köln. Der fast quadratische Grundriss der Erpeler Kirche ähnelt dem der Feldkirche in Neuwied-Wollendorf. Im zweiten Viertel des 13. Jh. wurde die Emporenbasilika St. Severinus[4] neu gebaut, sie vereint in sich frühromanische und frühgotische Bauabschnitte. Ein zweijochiges, dreischiffiges Langhaus mit einem Chor im 7/12 Schluss wurde dem Westturm angegliedert. Das untere, spätgotisch gewölbte Geschoss des ursprünglich portallosen, nicht in der Langhausachse stehenden Turmes stammt von einer noch älteren einschiffigen Kirche, vermutlich erbaut zu Beginn des 12. Jh. Die oberen Geschosse des Turmes wurden im 13.Jh. mit Gliederung durch Lisenen und Rundbogenfriese daraufgesetzt. Im vorletzten Geschoss finden sich dreiteilige Schallöffnungen. Im oberen Geschoss zweiteilige Kreisfenster über dem Scheitel. Das Langhaus ist durch kleine, rundbogige Fenster im Obergaden und an den Seitenschiffen gegliedert, am Chor dagegen durch gekantete Lisenen mit Rundbogenfries. Der Kirchenbau ist unverputzt, aus Bruchsteinen errichtet.

Beschreibung

Durch eine neu geschaffene Vorhalle betritt man die Kirche, von deren ursprünglicher Ausstattung verglichen mit der Unkeler oder Linzer historischen Pfarrkirche weniger erhalten ist. Von 1960-67 fand eine umfangreiche Restaurierung statt. Die Emporen, bei einem Umbau 1751 entfernt, wurden 1964/65 wieder rekonstruiert. Auch die farbige Innenausmalung wurde dabei wiederhergestellt. Die barocke Austattung wird durch einige gotische Figuren ergänzt. Aus gotischer Zeit stammt ein geschnitzter hl. Michael. Weitere Heiligenfiguren aus dem 18. Jh. sind an den Pfeilern angebracht, so auch die Nikolausbüste. Der Hochaltar ist aus dem 18. Jh. Der zweistufige, unten von mächtigen Säulengruppen eingefasste Aufbau zeigt im Mittelbild die Himmelfahrt Marias. Darüber ein Bild Johannes des Täufers. Die Kirchenfenster im Chor wurden im 15. Jh. vergrößert.

„Drei-Künnije-Pörzje“

Durch die Drei-Köings-Pforte, einer kleinen rot gestrichenen Holztüre in der Außenwand der Kirche,

3 Dehio, Georg: „Bautengruppe der Ahrmündung“, a. a. O., S. 264 ff.
4 Busch, Gabriel: „Alte Kirchen um den Michaelsberg“, a. a. O., S.143.

sollen der Ortslegende nach die Reliquien der „Heiligen Drei Könige“[5] im Jahr 1164 streng bewacht in die Erpeler Kirche gebracht worden sein. Es habe einen Zwischenstopp der bischöflichen Schiffe auf ihrer Reise von Mailand nach Köln in Erpel gegeben. Die wertvollen Knochenüberbleibsel wurden zum Übernachten in die Kirche getragen. Kölns Erzbischof Rainald von Dassel hatte die Gebeine der „Hl. 3 Könige“ nach der Belagerung Mailands als Geschenk von Kaiser Barbarossa erhalten. Nach Köln wurden sie im Juli per Schiff gebracht.

Osannamarkt

Seit einigen Jahren wird in der Rheingemeinde ein Osannamarkt abgehalten, genannt nach der großen alten Kirchenglocke „Osanna“ von 1338. Osanna wiegt 45 Zentner und hat einen unteren Durchmesser von 142 Zentimetern. „Am ganzen Rheinstrom gibt es nur wenige Glocken, die es mit den unseren aufnehmen können.“, schreibt Pfarrer Theodor Lind.[6] Im Glockenturm läuteten die vier Glocken Osanna, Severin, Maria und Donate. Den Erpelern blieb trotz der beiden Weltkriege die große Osannaglocke aus dem Jahr 1388 erhalten, um die sich eine schöne Sage rankt. Wegen Absturzgefahr hatte man die Glocken im 19. Jh. aus dem alten Turm geborgen und lagerte sie auf dem Speicher des Rathauses. Dort gerieten sie in Vergessenheit und entgingen so einer Beschlagnahmung im 1. Weltkrieg. Im 2. Weltkrieg wurden die Glocken St. Severin, Donate und Maria dennoch beschlagnahmt, während Osanna im Kirchturm verblieb. Die Erpeler Glocken überlebten allerdings auf dem Hamburger „Glockenfriedhof“[7] und konnten nach Kriegsende wieder in ihre Heimat zurück geholt werden.

Sage vom Glockengießer Heinrich van Gerresheim

Eine kleine Bronzeplakette an einer Hauswand gegenüber der Erpeler Kirche erzählt die Osannasage. Danach wollte der Glockengießer Heinrich van Gerresheim, der die neue Glocke

4 Helena, Mutter des Kaisers Konstantin I., soll in Palästina 326 die Gebeine der Könige gefunden haben.
6 Heimatkalender für den Kreis Neuwied 1930, a. a. O.
7 Das im Volksmund „Glockenfriedhof“ genannte Glockenlager wurde in der NS-Diktatur im Stadtteil Veddel, nahe des Hamburger Hafens eingerichtet.

direkt vor Ort an der Kirche gießen wollte, nach mehreren missglückten Versuchen den Guss aufgeben. Als er eine Reise antreten musste, ließ er seinen Lehrling zur Bewachung in Erpel zurück. Dieser wagte auf eigene Faust einen neuen Versuch, der ihm glänzend gelang. Schon von weitem hörte der Meister bei seiner Rückkehr den herrlichen Klang der Glocke und ahnte, was geschehen war. In Unkel-Heister traf er auf den Lehrling, der ihm entgegengelaufen war, um von dem Guss zu berichten. Voller Eifersucht griff der Meister zum Dolch und erstach seinen Lehrling. Die Sage berichtet weiter, dass die Erpeler dem Jungen an der Stelle, an der er starb, ein Steinkreuz setzten. Es gibt tatsächlich ein einfaches Basaltkreuz, in das sowohl der Umriss einer mit einem Kreuz verzierten Glocke als auch die Jahreszahl 1388, ihr Entstehungsjahr, eingeritzt ist.

Die barocke Ausstattung wird durch einige gotische Figuren ergänzt.

Steckbrief

Erpel liegt am Rhein zwischen Unkel und Linz. Erreichbar über die B 42 und mit einem Fährboot von Remagen aus.

39

Königshof ist Unkels ältester Ortsteil

UNKEL Auf einer ehemaligen Rheininsel liegt der älteste Teil der alten kurkölnischen Landstadt Unkel mit der katholischen Pfarrkirche St. Pantaleon und dem ehemaligen frühmittelalterlichen Königshof. Unkel wurde erst im 16. Jh. durch eine Stadtmauer, auch entlang des Rheinufers, gesichert. Ende des 9. Jh. erscheint Unkel im Güterverzeichnis der Fürstabtei Prüm, die hier Weingärten besaß. Herrin des alten Königsgutes in der Nachfolge des sächsischen Kaiserhauses war um 1050 n. Chr. Richeza,[1] Tochter des Pfalzgrafenpaares Ehrenfried und Mathilde. Im letzten Drittel des 10. Jh. hatte der Pfalzgraf die Macht von Unkel bis Siegburg. Richeza war Königin von Polen. Kaiser Otto der Große war z. B. ihr Urgroßvater mütterlicherseits. Der Kirchenpatron St. Pantaleon erinnert noch an das sächsische Kaiserhaus. Richeza stiftete den Unkeler Zehnthof neben der Kirche dem Kölner Domkustos. Ein Domkustos sorgt für die laufende bauliche Unterhaltung und den Schmuck der Kathedrale. Alle Angelegenheiten des Gottesdienstes gehören zu seinen Aufgaben. So untersteht ihm auch die Aufsicht über die Domsakristei. Als Richeza am 21.3.1063 in Saalfeld starb, überführte der Würzburger Bischof die polnische Königin zur Abtei Brauweiler bei Köln. Richeza selbst soll die Abtei zur letzten Ruhestätte bestimmt haben.

1 Richeza, manchmal auch Rixa, war ab 1025 als Ehefrau Mieszkos II. Königin von Polen, lebte aber nach dem Tode ihres Mannes ab 1036 auf Gütern ihrer väterlichen Familie, der Ezzonen. Seit 1817 befindet sich ihr Grab im Kölner Dom, in einem klassizistischen Holzsarkophag in der Johanneskapelle hinter dem Hochaltar. Neben diesem hängen zwei mittelalterliche Porträts Richezas und Annos II., sie stammen aus dem Kloster „St. Maria ad Gradus".

Kölns Erzbischof Anno II. dagegen soll gewaltsam den Leichnam Richezas in seine Gewalt gebracht in der Kirche des Stiftes „St. Maria ad Gradus“ (Mariengraden) beigesetzt haben. Damit soll er die Einziehung und Übertragung aller Güter Richezas zu Gunsten der Kölner Domkirche legitimiert haben. Das Moselgut Klotten fiel beispielsweise an die Domkirche oder Richezas restlicher Unkeler Besitz. Das Unkeler ehemalige Königsgut gehörte nun „St. Maria ad Gradus“, das damit auch die Grundherrschaft über Unkel (Zehnterwerb) erwarb und die Gerichtsbarkeit ausübte.

Beschreibung

Die dreischiffige, flachgedeckte historische Hallenkirche wurde um 1200 einschiffig errichtet. Aus der Zeit existiert noch die Nordseite des Mittelschiffs. Über dem Gewölbe sind Reste von Wandmalerei. Im 14. Jh. wurde die Kirche zu einer vierjochigen gotischen Basilika mit eingebautem Westturm und polygonalen Chor umgebaut. Beide Seitenschiffe wurden 1502 erhöht, es wurde auch ein Glockengeschoss aufgesetzt. Betritt man die Kirche durch das tonnengewölbte Turmgeschoss, das sich zum Mittelschiff mit einem Rundbogen öffnet, so erhält man den Eindruck einer interessanten spätgotischen Kirchenerweiterung. Das Schiff ist durch vier Rundpfeiler aufgeteilt, von denen die beiden östlichen von der Basilika des 14. Jahrhunderts, die beiden westlichen von der Umgestaltung von Anfang des 16. Jh. stammen. Die Seitenschiffe sind vom Mittelschiff durch Scheidbögen mit Schienenprofil getrennt, die unmittelbar aus den Rundpfeilern wachsen. Das Gewölbe des Mittelschiffes besteht aus zwei Kreuzgewölben, die durch Aufmalungen als Netzgewölbe gestaltet und so dem anschließenden Sterngewölbe im Langhausjoch vor dem Chor angepasst wurden. Die hohlgekehlten Rippen sitzen auf vorgelegten Diensten, am Turm auf einfach gestalteten Konsolen auf. Der romanische Turm gehörte zu einer früheren Kirche. Drei parallele Satteldächer verleihen dem Unkeler Kirchenbau einen reizvollen Anblick.

Reiche Ausstattung

Die reiche und teilweise hochwertige Ausstattung ist es vor allem, die dieses Gotteshaus zu einem so eindrucksvollen Raum macht.[2] Ein prächtiger, säulengeschmückter Hochaltaraufsatz von 1705 mit gemalter Darstellung einer Blindenheilung durch den hl. Pantaleon, eine Wiederholung des Bildes von Maria Pretti in St. Pantaleon in Rom[3], beherrscht das Kirchenschiff. Der Altar wird bekrönt vom Wappen des Stifters, dem Kölner Domherren Andreas Eschenbrender. Eine barocke Kanzel mit Christus, vier Evangelisten und den Kirchenvätern stammt vom Anfang des 18. Jh. Die Kommunionbank ist mit Schnitzarbeiten von 1714 versehen. Die Kirche besitzt wertvolle Bildwerke, darunter eine Holzplastik „Kopf Christi", geschnitzt um 1400 oder ein Schmerzensmann (Ecce homo um 1500)[4] als auch frühere Andachtsbilder (um 1618[5]). Es sind bewusst geschaffene Bildnisse, um den Gläubigen die Bibel zu vermitteln. Sind auf solchen Andachtsbildern

2 Custodis, Paul-Georg u. a.: „Stadt Unkel am Rhein", in: „Rheinische Kunststätten", Köln 1987.

3 Dehio, Georg: „Handbuch der deutschen Kunstdenkmäler", a. a. O., S. 1090.

4 In der christlichen Kunst gibt es zwei Bildmotive, die mit „Ecce homo" bezeichnet werden: Die Zur-Schaustellung Christi; Szene aus Joh. 19, die Pilatus und Jesus zeigt sowie das ihn verspottende Volk von Jerusalem; sowie Andachtsbilder, die Jesus als stehende, einzelne Halbfigur oder Ganzfigur mit Purpurmantel, Lendentuch, Dornenkrone und Folterverwundungen, insbesondere am Kopf darstellen.

5 Dehio, Georg: „Handbuch ...", a. a. O. Unkel, S. 1089 ff.

zusätzlich die Wundmale der Kreuzigung (Nagelwunden an den Gliedmaßen, Lanzenwunde an der Seite) zu sehen, spricht man vom Bildmotiv „Schmerzensmann“. Ein großer Teil der reichen Innenausstattung stammt aus der Barockzeit und ist auch der Familie Eschenbrender zu verdanken. Gottfried Eschenbrender war Anfang des 18. Jh. Pfarrer in Unkel, sein Bruder Andreas war Hofratspräsident des Kölner Kurstaates. Während des Spanischen Erbfolgekrieges leitete er die Staatsgeschicke für den in Paris lebenden Kölner Kurfürsten. Die Basilika birgt einen reichhaltigen Kirchenschatz mit vergoldeten Leuchtern, silbernen Monstranzen und Messgeräten. Der Ahnenaltar im nördlichen Seitenschiff, aus feinkörnigem importiertem Kalkstein, gehört in die Zeit der Renaissance. Er wurde von den Brüdern Johann Adam und Bertram von Herrestorf gestiftet.

Vierzehn-Nothelfer-Kapelle

In dem an der Nordseite des Turmes zu einer Kapelle ausgebildeten Teil des Seitenschiffes, der 1976 durch ein reiches schmiedeeisernes Gitter mit 14 Leuchtern von der übrigen Kirche abgetrennt wurde, steht Unkels ältestes Kulturdenkmal, der spätromanische Taufstein. Er wird von sechs Säulen getragen, mit Palmettenkranz verziert, gefertigt Anfang des 13. Jh. Den Aufsatz des ehemaligen Hochaltars in der Vierzehn-Nothelfer-Kapelle sollte man sich bei einer Führung erläutern lassen, ebenso den vergoldeten hölzernen Reliquienschrein des St. Pantaleon mit sorgfältig geschnitztem Maßwerk. Der Altar stellt Szenen aus dem Leben des hl. Pantaleon dar.

Links der Arzt St. Pantaleon, rechts die Schule Mariens, frühe Neuzeit.

Steckbrief

Ein Friedhof, direkt am Rhein gelegen, umgibt die Kirche. Die Wege sind von einer Menge guterhaltener Steinkreuze gesäumt, die teils mit Hausmarken, teils mit Berufszeichen oder bildlichem Schmuck versehen sind. Die ältesten Stücke reichen noch in die Spätgotik, in den Anfang des 16. Jahrhunderts zurück, so die Vierzehn Nothelfer, deren Bruderschaft auf eine fast 300-jährige Tradition zurückblicken kann.

40

Dankbar für den Erhalt der alten Kirche St. Maria Magdalena

RHEINBREITBACH Die Unkeler Filialpfarre Rheinbreitbach wurde 1620 zur eigenständigen Pfarrei erhoben. Die historische Pfarrkirche St. Maria Magdalena[1] ist eine verputzte, korallfarbig gestrichene, zweischiffige Hallenkirche, ein Bau mit spätgotischen Formen, erweitert mit einem modernen Anbau aus Ziegelstein. Heute sind die Gläubigen bei der stark rückläufigen Zahl der Kirchgänger dankbar für Erhalt der alten, damals zu klein erscheinenden Kirche St. Maria Magdalena. Der historische Bau aus dem 15. und 16. Jh. steht im Kontrast zum modernen Anbau der Kirche von 1966. Ins Auge springt der ungegliederte, bis zum Gesims des Glockengeschosses verputzte Turm, errichtet aus heimischer Grauwacke mit Eckbegrenzungen aus Trachyt. Das Glockengeschoss ist durch

Korallfarbig gestrichene zweischiffige Hallenkirche mit dem neuen Ziegelstein-Anbau.

ein hervorkragendes Gesims abgesetzt und trägt nach allen Seiten große, spitzbogige Klangarkaden, die durch Maßwerk unterteilt sind. Das Eingangsportal in Trachytfassung

1 Maria Magdalena oder Maria von Magdalena ist eine Jüngerin von Jesus Christus, über die die Bibel berichtet.

hat einen geraden Sturz. Sein Bau wurde 1536 fertig. Er ist der Westfront der Kirche in der Mitte vorgesetzt und trägt ein spitzes Pyramidendach. Der Chor ist noch für das 15. Jh. zu datieren. Das Langhaus wurde im Truchsessischen Krieg in Brand gesteckt, aber Ende des 16. Jh. wieder erneuert. 1877 wurden die Südseite des Dachs und das Turmdach erneuert. Der Name der Kirchenpatronin "Maria Magdalena" wurde durch den verfilmten Roman "Sakrileg" in jüngerer Zeit wird stärker beachtet. „Sakrileg" basiert auf der Geschichte, Maria Magdalena sei von Jesus schwanger gewesen und nach dem Tod Jesu mit Josef von Arimathäa nach Gallien geflohen. Auch die Mythen des Heiligen Grals basieren darauf.

Beschreibung

Der auf drei Seiten geschlossene Chor der alten Kirche besitzt ein Sterngewölbe. Die Ausstattung des Kircheninneren mit den barock gestalteten Altären(Bemalung aus nachgeahmtem Marmor) und der Rokokokanzel strahlt Atmosphäre aus. Kunsthistorisch besonders wertvoll ist die Ampel mit dem Ewigen Licht, eine aufwendige Silberarbeit aus der Zeit um 1700. Der Hochaltar, der in einem Visitationsbericht von 1620 als „neu errichtet" bezeichnet wird, stammt in Teilen aus dem 18. Jahrhundert. Rechts und links vom Triumphbogen[2] befanden sich die beiden Seitenaltäre. Der rechte wurde 1651 gestiftet, der linke 1814. Zum Kirchenschatz gehört neben goldenen Monstranzen und Kelchen, geschnitzten Kreuzen und silbernen Weihrauchgefäßen auch eine Vielzahl farbenprächtiger Kaseln (Messgewänder), die bis zu über 500 Jahre alt sind. 2006 wurde die Kirche umfassend renoviert.

Mit Rundbögen wurde 1966 der Neubau mit dem Altbau verknüpft.

2 Busch, Gabriel: „Alte Kirchen um den Michaelsberg", a. a. O., S. 129 ff.

Figur des heiligen Joseph kehrt zurück

Als Weihnachtsgeschenk der besonderen Art kehrte 2003 die Figur des heiligen Joseph nach 80 Jahren Abwesenheit in die Rheinbreitbacher Pfarrkirche zurück. Joseph gilt als Schutzpatron der Arbeiter. Er gab dem Rheinbreitbacher St. Josephs Bürgerverein 1774 den Namen. Die barocke Kirchenfigur wurde mit zwei weiteren Skulpturen im Jahr 1923, einer wirtschaftlich schwierigen Zeit, von dem Rheinbreitbacher Pfarrer Elmar Alfred Ermert gegen Leinen und Kohle getauscht. Damit begann eine lange Odyssee der Kunstwerke bis ins Ruhrgebiet, wo sie in einer Kirche bei der Grube Fortuna (Kreis Bergheim) über Jahrzehnte stand. Danach lagerte die Figur im Brühler Depot des Erzbistums Köln. Das fand der Rheinbreitbacher Heimatforscher Jürgen Fuchs bei Forschungen zur Erstellung der Kirchenchronik heraus.[3] stieß. Die barocke Figur könnte mit größter Wahrscheinlichkeit aus dem Kloster Heisterbach, das 1803 aufgelöst wurde, stammen. Gefertigt in der zweiten Hälfte des 18. Jh. befand sie sich in einem beachtlich guten Zustand, so dass nur geringe Ausbesserungen durch den Restaurator Jens Hofmann nötig waren. Nun steht die St. Joseph-Figur in der Nähe des Taufbeckens.

Links der zweijochige Chor der alten Kirche. Rechts das kunsthist. besonders wertvolle Ewige Licht, um 1700.

Steckbrief

Rheinbreitbach liegt zwischen Bad Honnef und Unkel. Die Kirche befindet gut erreichbar am Renesseplatz, gleich neben der jüngst restaurierten Unteren Burg im Altortbereich. Die Untere Burg ist ausgeschildert. Abfahrt von der B42.

3 Röder, Hans Joachim: „Die Odyssee eines barocken Patrons" in: RZ Koblenz, Ausg. AL, 23.12.2003, S.13.

41

Katholisches Gotteshaus übt einen besonderen Reiz aus

BAD HONNEF Eines der Wahrzeichen der Stadt Bad Honnef ist die dreischiffige spätgotische katholische Hallenkirche St. Johann Baptist[1] mit ihrem fünfgeschossigen Turm. Das Gotteshaus übt auf den Besucher einen eigenen besonderen Reiz aus. Der Turmeingang, durch den man die Kirche betritt, umfängt einen mit drückender, dunkler Schwere. Danach aber betritt man ein lichtdurchflutetes, leicht wirkendes Kircheninnere. Fast als habe man seine Schwerkraft abgegeben.

Man betritt einen Himmel aus Stein.

Die Kirche ist romanischen Ursprungs und wurde über einer Kirche gebaut, die schon im 8. Jh. an dieser Stelle stand. Archäologische Untersuchungen 1979/80 zum frühen Christentum brachten im inneren Kirchenraum zutage, dass früher eine dreischiffige Hallenkirche mit Rechteckchor, aber ohne Turm aus der Zeit um 800 an dieser Stelle in Honnef stand. Das gotische Mittelschiff, der eigentliche Kirchenraum, wurde 1505[2] zur heute noch bestehenden spätgotischen Hallenkirche umgebaut, ist also schon 500 Jahre alt! Der Turm wurde dann im 12. Jh. errichtet, bis auf den Helm von 1860 blieb er im ursprünglichen Zustand erhalten. Da der Kirchenraum im 19. Jh. der wachsenden Zahl der Besucher nicht mehr genügte, wurde 1912 die Chorapsis der Kirche niedergelegt und durch ein weiträumiges, neugotisches Querschiff mit Dreiapsidenschluss ersetzt. Der Bruchsteinbau wurde verputzt und teilweise nach dem alten Befund der Denkmalschützer farbig gefasst. Der Erweiterungsbau blieb unverputzt und hebt sich für den Besucher deutlich im Gesamtbauwerk ab. Die Seitendächer sind durch Walmdächer quer zum Langhaus gedeckt, die je zwei Joche

1 Johann Baptist steht für Johannes den Täufer, eine der zentralen Persönlichkeiten des Urchristentums.
2 Inschrift im Gewölbe über der Gottesmutter.

überspannen und mit dem First auf die Firsthöhe des Daches des Mittelschiffes geführt werden. Beide Seitenschiffe umschließen den Turm, dessen Eingang zur Stadt hin geöffnet ist, zur Hälfte.

Beschreibung

Der besondere Reiz dieser Kirche macht aus, dass ihre Ausstattung aus Kunstwerken verschiedenster Epochen besteht und sich jede Zeit in der Kirche wiederfindet. Die spätgotische Ausmalung der filigranen Netzgewölbe und der Gewölbezwickel wurde bei der Restaurierung in den 1980er Jahren nach altem Muster wieder hergestellt. Eine ganze Reihe historisch wertvoller Ausstellungsstücke bereichern den „inneren Glanz des Gotteshauses."[3] Aus der spätgotischen Zeit stammen die wertvollsten Ausstellungsstücke in der Kirche. Ein reich geschmücktes Sakramentshaus stammt aus der Kapelle der alten Löwenburg. Die Darstellung der „Grablegung Christi" im „Heiligen Grab" (Bild oben) wurde 1508 von dem Löwenburger Richter Vreden gestiftet und in den 1980er Jahren wieder in ihre alte Farbgebung zurückgebracht. Eine sehr wertvolle Statue der „Madonna mit Jesusknaben, der die Weltkugel trägt" ist hervorzuheben. Das Alabasterrelief stellt die Geißelung Christi dar. Der weitere Figurenschmuck stammt aus der Barockzeit. Besonders hinzuweisen ist auf die Turmmonstranz mit reichem Figuren- und Fialenschmuck. Ein romanischer Taufstein aus Trachyt blieb erhalten. 1920 wurden die heutigen Altäre aufgestellt. Einige der modernen Glasfenster sind vom Künstler Raphael Seitz mit Motiven aus der Geheimen Offenbarung.

3 Busch, Gabriel: „Alte Kirchen um den Michaelsberg", a. a. O., S. 122.

Orgel

Die Orgel besteht aus mit zwei getrennten, von einem Spieltisch aus zu spielenden Werken mit 46 klingenden Registern.

Links:
Die Kirche St. Johann Baptist ist romanischen Ursprungs.

Oben:
„Madonna mit dem Jesusknaben, der die Weltkugel trägt", Köln um 1500.

Steckbrief

Die kath. Kirche St. Johann Baptist liegt in der Fußgängerzone der Stadt. Bad Honnefs Innenstadt ist gut über die B 42 zu erreichen. Die ehemalige Kurstadt ist heute Tagungs- und Kongressstadt.

42

Kaiser Wilhelm II. zeichnete die Kirchturmhaube persönlich

BAD HONNEF Seit über 115 Jahren, seit dem 01. Juli 1895 feiern die evangelischen Christen der ehemaligen Kurstadt Bad Honnef ihre Gottesdienste in der evangelischen Pfarrkirche, der „Erlöserkirche." Mitten in der Stadt wurde sie gebaut.

Geschichte

Eine frühere evangelische Gemeinde erlosch schon 1670 in Honnef. Die Inbesitznahme der Rheinlande, darunter auch das Großherzogtum Berg durch den preußischen Staat nach 1815 führte in Bad Honnef wieder zum Zuzug evangelischer Bürger. Honnef wurde unter preußischer Verwaltung zu einer Gemeinde im Amt Königswinter. 1871 weihten die Protestanten in Bad Honnef eine erste Kapelle ein. 1896 konnte man sogar eine Kirche bauen, daher wurde die alte Kapelle der jüdischen Kultusgemeinde in Bad Honnef verkauft. Architekt Ludwig Hofmann (Herborn) baute in Abstimmung mit dem Presbyterium eine dreischiffige Kirche mit asymmetrischem Aufbau. Direkt an die neue Kirche sollten sich zudem das Pfarrhaus und der Gemeindesaal anschließen. Der jungen evangelischen Kirchengemeinde gelang es, Kaiserin Auguste Viktoria als Schirmherrin für die neue Kirche zu gewinnen. Sie stiftete persönlich zwei wertvolle Bibeln mit Widmung. Und Ehemann Kaiser Wilhelm II. mischte sich höchstpersönlich in den Kirchenbau ein. Werner Franzen berichtet, dass der Monarch eigens für den Turmabschluss eine eigene Handskizze angefertigt habe. Dabei habe der Kaiser durchgesetzt, dass eine aufwendige, achteckige Helmpyramide, die mit vier Seitentürmchen abgeschlossen werden sollte, so nicht gebaut wurde. [1]

Beschreibung

Die Grundsteinlegung erfolgte am 29. Mai 1899, am Sockel des Kirchturmes ist eine Steintafel mit der Inschrift: „In der Dreieinigkeit liegt die Kraft“ angebracht. Über einem Bruchsteinsockel erhebt sich die in einen mächtigen Giebel auslaufende Fassade. Runde Formen wie Säulen, Fenster oder die Rosette bilden die Gestaltungselemente. Über dem Eingang prangt ein halber Vers Moses als Schriftzug: „Der Herr segne Dich aus Zion!“ vervollständigt lautet der Psalm: „ ... der Himmel und Erde gemacht hat! Ihr geht nun auseinander; jeder kehrt in seine Heimat zurück ...“. In Ihrer Gesamtheit wirkt die Kirche kompakt und gedrungen. Mittelschiff und südliches Seitenschiff der neuen Kirche wurden

hallenartig ausgebildet, das nördliche Seitenschiff wurde schmäler angelegt. Hinter der schmucklosen Stirnwand des Hauptschiffes der Kirche schließt der Chor die östliche Seite mit einer polygonalen Apsis ab. Im Chorraum wurde außer der Aufstellung des Altares für das neunköpfige Presbyterium ein eigenes Gestühl angeschafft. Dem nördlichen Seitenschiff wurde ein massiger Westturm vorgebaut. Die Kirche wurde 1934 erstmals innen renoviert und neu ausgemalt. Anfang der 1960er Jahre erfolgte eine zweite Innenrenovierung.

1 Franzen, Werner: „Gottesdienststätten im Wandel – Evangelischer Kirchenbau ...“, a. a. O., S. 892.

Dabei gingen leider Kanzel, Altar, Taufstein und Presbytergestühl aus der Jahrhundertwende und Gründungszeit der Kirche „verloren"! Bei dieser Renovierung wurden allerdings die drei Chorfenster vergrößert. Glasmaler und Bildhauer Helmut Ammann (München) schuf 1961 die neuen Chorfenster, wobei er zwei Motive aus dem Neuen und eins aus dem Alten Testament umsetzte. Seine Bildsprache ist vom Kubismus und Expressionismus beeinflusst.[2] Die oben liegenden Seitenfenster erfuhren eine Veränderung gegenüber ihrem Ursprung. Bei der jüngsten Innenrenovierung 2006 legte man Fresken in den Zwickeln der Emporenwand frei. Auf goldfarbigem Grund sind nun Medaillons mit Tierkreiszeichen zu erkennen. Die Innenwände wurden in einem leichten Gelbton gestrichen.[3]

Steckbrief

Die evangelische Erlöserkirche Bad Honnef liegt in der Innenstadt im ehemaligen Kurviertel an der Luisenstr. 15 in 53604 Bad Honnef.

2 Walter, Martina: „Erlöserkirche Bad Honnef", Rheinbreitbach 2000, S. 10.
3 Ebenda, S. 11.

43

Geocacher entdecken Rhöndorfs Pfarrkirche

RHÖNDORF (BAD HONNEF) Rhöndorfs berühmtester Bürger, Konrad Adenauer, erster Bundeskanzler der deutschen Nachkriegsrepublik hat sich seinen rheinischen Humor und Frohsinn stets bewahrt, aber dass sein Abbild neuerdings Anlass zum Geocaching[1] geworden ist, hätte bestimmt auch er sich nicht träumen lassen. Wer beispielsweise bei Google die Stichworte: „Sioux Rhöndorf" eingibt, gerät schnell auf „The Official Global GPS Cache Hunt Site" des Geocaching. Dort kann man dann schon mal den Hinweis finden: „Parken könnt ihr bei N 50°39.507, E 07°12.743!" Die Geocacher sollen dann in Rhöndorfs alter katholischer Pfarrkirche „Maria Heimsuchung" zu Füßen des Drachenfelsens gehen und nach einer Darstellung Konrad Adenauers als Siouxhäuptling suchen, eingraviert in eine Fensterscheibe der Kirche.

Konrad Adenauer im Kopfschmuck

Im rechten Seitenschiff, etwa in der Höhe der Kirchenbank, in der Konrad Adenauer stets beim Gottesdienst[2] saß, hat der Eduard Horst (Bad Honnef) 1956 in einer Knospe im oberen Drittel eines Fensters den Kopf Konrad Adenauers im Kopfschmuck eines Sioux-Indianerhäuptlings zart eingraviert. Die Fenstergravur gilt nicht nur als gelungener Spaß des Künstlers, sondern bezieht sich konkret auf Adenauers Amerikareise von 1956. Anlässlich einer USA-Reise wurde Bundeskanzler Konrad Adenauer in Milwaukee (US-Bundesstaat Wisconsin) am 15. Juni 1956 von der Vereinigung der Indianerstämme die Würde eines Ehrenhäuptlings verliehen. Ob Gus Backus deshalb auch den Schlager „Da sprach der alte Häuptling der Indianer" schrieb? „Die Indianer ernennen noch lange nicht jeden zum Indianer", berichtet Adenauer von seiner Auszeichnung in Milwaukee.

1 Geocaching (das englische Wort cache steht für „geheimes Lager") ist die neue Form der früheren Schnitzeljagd, eine Art elektronische Schatzsuche. Die Verstecke („Geocaches", kurz „Caches") werden anhand geographischer Koordinaten im World Wide Web veröffentlicht und können anschließend mit Hilfe eines GPS-Empfängers gesucht werden.

2 In der Kirche erinnert ein Platzschild an Konrad Adenauer.

USA-Reise Adenauers 1956. Foto: picture alliance/united archives

Geschichte

Seit 1836 wurde zwar wöchentlich einmal von einem Geistlichen in Rhöndorf die hl. Messe gefeiert, aber Rhöndorf blieb Filialgemeinde von Bad Honnef. Ab 1901 wurde jeden Tag die hl. Messe in Rhöndorf gefeiert. Damit war der Schritt zur Eigenständigkeit nicht mehr weit. Eine Familie stiftete das Gelände zum Bau einer genügend großen Pfarrkirche. Aus Dankbarkeit wurde der Familie eine Gruft unter der Pfarrkirche zur Verfügung gestellt.[3]

3 Trimborn, Wilhelm: „Marienkapelle und Pfarrkirche St. Mariä Heimsuchung"; Rhöndorf 2007.

Mit starker Eigenbeteiligung der Bevölkerung wurde die Kirche ab 1902 erbaut und 1905 auf den Namen „Mariä Heimsuchung“[4] geweiht. Der Kirchturm wurde 1928 vollendet. Ihre vier Glocken wurden 1942 zur Rüstungsproduktion beschlagnahmt. Im März des Kriegsjahres 1945 wurde die Kirche zerstört, aber schon am 21. August 1949 weitgehend wieder hergestellt und der erste Gottesdienst wurde gefeiert. Stahlglocken des „Bochumer Vereins“ wurden, trotz des härteren Klangs, angeschafft, finanziert von Rhöndorfer Bürgern. Die Stahlglocken wurden 1956 zu Ehren des 80. Geburtstages des Bundeskanzlers durch neue ersetzt, ebenfalls hergestellt vom „Bochumer Verein“. Sie tragen die alte Aufschrift mit dem Zusatz: „Neu vom Kanzler Dr. Adenauer“.

4 Mariä Heimsuchung (Fest am 02. Juli). Mit dem etwas ungewohnten Begriff „Heimsuchung“ ist der Besuch der Gottesmutter, die in ihrem Schoß Jesus trug, bei ihrer Base Elisabeth gemeint (Lukas 1, 39-56).

Beschreibung

1962/1965 erfolgte die erste Restaurierung der Kirche. Die dabei neugestaltete Fassade trägt seitdem eine monumentale Madonnenstatue. 1991 nahmen die Architekten Breil und Wessel eine weitere umfangreiche Innenrenovierung mit Neugestaltung des Altarraums vor. Die Bögen wurden farbig-ornamental gefasst. Stuckprofile gliedern Decke und Wände des Mittel- und der Seitenschiffe. Die Dekoration malte Johannes Hartmann (Bruchhausen). Alle Fenster entwarf Eduard Horst zum 80. Geburtstag von Konrad Adenauer. Die Chorfenster stellen die Flucht aus Ägypten, die Geburt Jesu, die heiligen drei Könige und den hl. Konrad als Bischof von Konstanz dar. Die Fenster im Seitenschiff zeigen Blumen und Reben (Werkstatt Oidtmann, Linnich). Die deutschen Bischöfe stifteten den neuen Deckel des Taufbrunnens zum 90. Geburtstag von Konrad Adenauer. In der kleinen Apsis werden neutestamentarische Taufszenen dargestellt. 2005 Erneuerung des Außenanstrichs. Der neugestaltete Marienaltar hat seinen Platz im linken Seitenschiff und ist sehr schlicht gehalten. Die 2006 renovierte Marienstatue stammt aus dem 19. Jh. Restauriert von Franca Perschen.

Konrad Adenauer

Rhöndorf wurde vor allem als Wohnsitz von Konrad Adenauer, des ersten Kanzlers der Bundesrepublik Deutschland bekannt. Adenauer, im Januar 1876 in Köln geboren, wurde 1917 Oberbürgermeister (OB) und später Ehrenbürger der Stadt Köln. Das NS-Regime setzte Adenauer 1933 als OB von Köln ab. Ab Mai 1935 lebte Adenauer zurückgezogen vor allem in Rhöndorf. Adenauer ließ sich nicht für den Widerstand gewinnen. Dennoch wurde er nach dem Attentat vom 20. Juli 1944 auf Adolf Hitler verhaftet und in einem Lager in Köln interniert. Nach seiner Flucht wurde er erneut verhaftet und im Gestapo-Zuchthaus Brauweiler interniert. Im Mai 1945 setzte ihn die amerikanische Militärregierung wieder als OB von Köln ein. Adenauer wurde 1949 mit 73 Jahren erster Bundeskanzler der BRD und blieb dies bis 1963. Am 19. April 1967 starb Adenauer in Rhöndorf, wo er auf dem Bildhauer Karl Menser angelegten Waldfriedhof beerdigt ist.

Steckbrief

Rhöndorf, ein Ortsteil der Stadt Bad Honnef, liegt direkt an der B 42 mit Abfahrt. DB-Bahnhof Rhöndorf auf der Strecke Köln–Troisdorf–Bonn-Beuel–Koblenz. Siebengebirgsbahn (Stadtbahnlinie 66) der SSB nach Königswinter und Bonn. Das Adenauer-Wohnhaus kann besichtigt werden und auch das Grab Adenauers auf dem vom Bildhauer Karl Menser angelegten Waldfriedhof. Beides ist in Rhöndorf gut ausgeschildert.

44

St. Remigius Königswinter

KÖNIGSWINTER Im rechtsrheinischen „Wintre“ wurden viele Klöster reich begütert, das Klosterstift Vilich[1] aber erhielt im 12. Jh. nicht nur den Zehnten aus dem Ertrag seiner Weinberge, sondern stellte den Pfarrer und durfte eine Kapelle mit allen Pfarrrechten vorhalten. Ein Pfarrer wird erstmals für 1234 erwähnt. Vilich gilt somit also als „Mutterpfarre“ der heutigen katholischen Pfarrkirche St. Remigius. Der Kirchenpatron wirkte als Bischof im 6. Jh. tätig und wurde heiliggesprochen. Während des Truchsessischen Krieges 1583

1 Löhr, Hermann-Joseph: „Ein Himmel aus Stein“, Bd. 1, a. a. O., S. 80 ff.

und während des 30-jährigen Krieges wurde die Kirche St. Remigius, gelegen an einer der drei Hauptachsen der Stadt, arg in Mitleidenschaft gezogen und gebrandschatzt. Ein Teil der Gewölbe der romanischen Kirche stürzte 1641 ein. Königswinter war erneut Opfer der französischen Truppen in den Raubkriegen Ludwig IVX. um 1689. Philipp Heinrich de Claer, Statthalter des Amtes Wolkenburg, stiftete in seinem Testament 5.500 Reichstaler für den Neubau der katholischen Kirche.

Beschreibung

Johann Georg Leydel schuf 1779/80 im Stil des rheinischen Klassizismus eine dreischiffige, kreuzgratgewölbte Halle. Der Bruchstein wurde verputzt. Der Westchor in den Bau eingezogen. Hinter dem Chor wurde Ende des 18.Jh. der mit einer Schweifhaube bekrönte Choranschlußturm errichtet. Die Kirche erhielt eine Werkstein-Fassade im Stil des Barock-

Neubarocker Altar

Barocker Orgelprospekt

Klassizismus mit kolossaler Pilastergliederung.[2] Der Mittelrisalit der Fassade wird von einem Segmentgiebel bekrönt. 1952 wurden die Kriegsschäden des 2. Weltkrieges ausgebessert. Die Ausstattung ist bis auf den Hochaltar neobarock. Der Hochaltar aus der Bauzeit wurde anstelle des Altarblattes mit einer Muttergottes-Statue ausgestattet. Der Taufaltar wurde 1875 gefertigt. Die Kirchenbänke sowie die Kanzel mit einem Schalldeckel mit Volutenbekrönung und Figürchen des Salvators und der vier Kirchenväter. Teile des

2 Dehio, Georg: „Handbuch der deutschen Kunstdenkmäler“, Ausgabe Rheinland, a. a. O., S. 841.

Orgelprospekts sollen ursprünglich zur Abtei Heisterbach gehört haben. Zu den wertvollen Kirchenschätzen zählen eine Augsburger Strahlenmonstranz von 1710 und ein Augsburger Kelch, den die Königswinterer Kirche im Jahre 1730 erwarb.

Drachenfels-Missale

Ein sehr wertvolles handgeschriebenes Messbuch aus dem Mittelalter, bekannt als „Drachenfels-Missale", befindet sich im Archiv der Pfarrei St. Remigius. Es wird nur von Zeit zu Zeit ausgestellt. Das mittlerweile restaurierte Werk umfasst 307 Blätter, die aber nicht alle im 13. Jh. beschriftet und bemalt wurden. Die Handschrift enthält mehrere kleinere Bilder. Ein Teil stammt etwa aus der 2. Hälfte des 13. Jh. und ein anderer aus dem 15. Jh. Vermutet wird, dass das Buch in der Schreibstube der Abtei Heisterbach geschrieben. wurde.

Bilder links: Das Drachenfels-Missale ist eine Pergamenthandschrift mit Papierlagen aus dem 13.-15.Jh. Das Missale ist reich mit Initialen und Miniaturen geschmückt. Die streng geometrische Schrift ist besonders gut lesbar(Mönchsschrift). Das „Drachenfels-Missale" ist seit 1826 im Besitz des Pfarrarchivs St. Remigius. Der verzierte gelbe Schweinsledereinband war über Buchenholz aus dem 16. Jh. eingebunden. Maße: 34,5 X 26 cm und war 10 - 12 cm dick. Antje Brauns (LVR) restaurierte 2001/02 das kostbare Werk. Beschädigte Blätter des Missale wurden in der Papierrestaurierung des LVR gesichert.
Fotos: Bettina Rütten, LVR-Papierrestaurierung Pulheim, 2010

Steckbrief

Die Pfarrkirche St. Remigius ist in der Innenstadt, Grabenstraße 12. 1689 brannte Königswinter, dies erklärt das Fehlen älterer Bausubstanz in der Stadt. Das Stadtgebiet Königswinters erstreckt sich seit der Kommunalreform in NRW 1969 auf eine Fläche von 76,19 Quadratkilometern aus und gliedert sich in einen Berg- und Talbereich mit 56 Ortsteilen. Königswinter erhielt 1889 die Stadtrechte.

45

Bedeutendes Dreikönigs-Retabel

OBERPLEIS (KÖNIGSWINTER) Mit seiner reichen Außengliederung, einer siebenschiffigen Krypta, hängenden Schlusssteinen, einem Fußboden mit kosmologischem Programm, sechs Glocken und dem steinernen Marienretabel aus der Romanik bietet die katholische Pfarrkirche St. Pankratius ein vielschichtiges Bild romanischer Kunst am Rhein. Noch auf Westerwälder Boden im Hügelland zur Rheinebene hin liegt die ehemalige Propsteikirche im Königswinterer Ortsteil Oberpleis.

Die St. Michael-Abtei Siegburg begründete um 1110 auch in Oberpleis ein weiteres Filialkloster[1] als Propstei. Zwischen 1100 und 1160 wurde eine strenge, flachgedeckte Pfeilerbasilika von Osten nach Westen ausgeführt. An die Kirche angeschlossen wurden die Klosterbauten, von denen der zweigeschossige Westflügel, die Außenmauer des südlichen Seitenschiffes sowie der mächtige Westturm noch stehen.[2] Vorbild war die Siegburger Abtei St. Michael. Das Oberpleiser Kloster erhielt 1206 zu seiner wirtschaftlichen Unabhängigkeit einen Fronhof sowie die Einnahmen aus der priesterlichen Versorgung des Kirchspiels Oberpleis. Darüber hinaus wurde die Propstei 1182 mit einer eigenen Landesherrlichkeit und Gerichtshoheit ausgestattet. Vögte waren die Grafen von Berg. In der ersten Hälfte des 13. Jh. wurde die Kirche völlig umgestaltet, was wohl zu einer hohen Verschuldung und Verarmung der Propstei führte.

1 Vergl. St. Apollinaris in Remagen oder das Frauenkloster Nonnenwerth.
2 Katholische Pfarrkirche St. Pankratius in Oberpleis; in: www.general-anzeiger-bonn.de, 2009.

Das klösterliche Leben verfiel und spätestens im 16. Jh. soll nur noch der Propst in den Gebäuden gelebt haben. Nach der Aufhebung des Klosters (Säkularisierung 1803) wurde die Kirche zwei Jahre später der Pfarrgemeinde überwiesen. Gleichzeitig wurde in Oberpleis die alte Pfarrkirche abgebrochen. Die Klostergebäude wurden abgetrennt und vom Fiskus verkauft.

Beschreibung

Aus der ersten Bauperiode der Klosterkirche St. Pankratius[3] sind der untere Teil des Langhauses und die Krypta erhalten. Das Langhaus hatte ursprünglich eine Flachdecke und dadurch eine kubische Raumform. Um 1220 wurde das Mittelschiff gewölbt und Chor und Querhaus über den alten Fundamenten unter Propst Gerhard neu errichtet. Die im 13. Jh. eingezogenen Gewölbe des Mittelschiffs haben leicht zugespitzte Gurtbögen, die auf Blattwerkkonsolen ruhen. Die herabhängenden Schlusssteine tragen Wappen. Im Inneren führt die tonnengewölbte Turmhalle, die ein Obergeschoss trägt, unter großem Rundbogen in das Mittelschiff. Seine Arkaden stehen auf schmalen Pfeilern mit einfachen Kämpfern des 12. Jahrhunderts. Die Vierungspfeiler sind mit Knospenkapitellen geschmückt. Der Außenbau ist durch den fünfgeschossigen Westturm mit schlichten Untergeschossen geprägt, die durch einzelne Tierreliefs belebt werden. Ein Kleeblattfries, von den Rundbögen der Fensterlaibungen unterbrochen, schmückt die Wände des Langhauses. Die Fensterlaibungen sind durch schlanke Säulen mit Blattkapitellen eingefasst. Im 19. Jahrhundert (1840) wurden an Seitenschiffen und Chor Strebepfeiler und Sakristei angefügt. Anfang des 16. Jh. wurde das nördl. Seitenschiff in Backstein neu aufgeführt. Der Chor wird durch

3 Drobner, Hubertus R.: „Pankratius, hl. Märtyrer in Rom“, in: BBKL, Band XXIII, Spalten 1039-1058, Herzberg 2004

zwei nicht ausgebaute Rundtürme flankiert. Treppen führen in die Hallenkrypta, die unter dem Chor dreischiffig und unter dem Querhaus siebenschiffig ausgebildet ist. In der Krypta kann man einen neuen Tabernakel und Reliquienschrein von Elmar Hillebrand sehen. Das Vesperbild links vom Eingang wurde im 15. Jh gefertigt, die übrigen Skulpturen größtenteils im 17. und 18. Jh. Zwischen 1891 und 1894 wurde die Kirche grundlegend im romanisierenden Stil restauriert. Die Leitung hatte Heinrich Wiethase (Köln).[4] Weitere Renovierungen erfolgten von 1948-52 und von 1964-1978. Die Kirche wurde statisch gesichert, anstelle eines Strebepfeilers wurde die Sakristei angebaut, die Krypta, die lange Zeit als Keller benutzt worden war, wurde wiederhergestellt und die barocke Ausstattung durch eine neuromanische ersetzt. Das Glockengeschoss des Turmes wurde neu aufgebaut und der Außenbau nach Befund farbig gefasst. Am 13.04.1992 wurde die Kirche durch ein Erdbeben stark erschüttert, die bis 1994 aufwendige Wiederherstellungsarbeiten erforderten.

„Oberpleiser Kosmos-Lehrbuch" – einzigartig auf der Welt

1974 wurden beim Absenken des Fußbodens unter dem alten Natursteinbelag Reste eines keramischen Tonplatten-Schmuckfußbodens von 1220 wiederentdeckt, die heute im Museum Kolumba in Köln aufbewahrt werden. Die Oberpleiser Begriffsschemata

Das Kosmosbild im Fußboden (Material: Ton) der Abteikirche von 1220/30. Die Inschriften der Zwickelrosetten lassen sich zu einem Schema ergänzen, das Mensch, Zeit, Welt und Kosmos zueinander in Beziehung setzt. Die Fragmente wurden mit erheblichen Mitteln der Renate König-Stiftung restauriert. Sie sind im Kunstmuseum des Erzbistums Köln, dem Kolumba ausgestellt. Kolumbastraße 4.

4 Die Kirche wurde in den Jahren 1891-1894 nach den Plänen des Architekten Heinrich Wiethase (Köln) wieder hergestellt. Schon um 1840 waren verschiedene Stützpfeiler angebracht worden. Die halb verschüttete Krypta wurde wieder freigelegt und in Benutzung genommen. Die Chorpartie wurde ergänzt und nördlich die Sakristei zum Schutz des Querhauses angebaut.

haben in kosmologischen Programmen anderer Kirchenfußböden keine Parallele, sind also einzigartig auf der Welt[5]. In der Kirche sind Kopien verblieben. Als Bildprogramm eines Schmuckfußbodens ist das Kosmosbild einmalig. Rote, weiße, weiß engobierte, also wie glasiert wirkende und schwarz geschmauchte Tonplatten wurden jochweise in verschiedenen Mustern gefügt, im Westteil als quadratisches Blickfeld mit Mittelrosette und vier Zwickelrosetten verlegt. Die Inschriftreste auf den Rahmen der Zwickelrosetten weisen das Blickfeld als Kosmosbild aus, Vierzahlschema von Elementen, Jahreszeiten und Temperamenten, Begriffsketten der den Elementen zugeschriebenen Qualitäten und der Name ADAM, den man aus der Bezeichnung der Weltgegenden herleitete, konnten identifiziert werden. Die Ringe repräsentieren eine reiche Zahlensymbolik (drei, vier, sieben, zehn). Die Eckrosetten verbinden Jahreszeiten, Elemente, Temperamente und Eigenschaften kunstvoll miteinander. Die Inschriftreste des spätmittelalterlichen Schmuckfußbodens weisen das Bildfeld als Kosmosbild aus. Die Oberpleiser Mönche waren also mit der Wissenschaft ihrer Zeit vertraut.[6]

Spätomanisches Dreikönigs-Retabel

Auf dem Hochaltar findet sich als Altaraufsatz ein dreiteiliges, spätromanisches Tuffrelief, ein Dreikönigsretabel. Ein Stilvergleich mit der Vordeseite des Schreins der hl. drei Könige im Kölner Dom führt zur Vermutung, dass das Retabel zu einer Werkgruppe zählt, zu der auch die sogenannte Siegburger Madonna im Kölner Schnütgenmuseum gerechnet wird.[7] Der Mittelteil stellt die thronende Muttergottes dar, der sich anbetend die Gruppen der

5 Dehio, Georg: „Handbuch ... Rheinlande ...", a. a. O., S. 848.
6 Müller, W.: „Geschichte der Propsteikirche St. Pankratius", www.kirche-am-oelberg.de/oberpleis.
7 Vergl. Dehio, Georg: „Handbuch der Deutschen Kunstdenkmäler", Ausgabe Rheinland, a. a. O., S. 848.

heiligen drei Könige und dreier Engel nähern. Das Relief der Anbetung der Könige aus Tuffstein stammt aus der Mitte des 12. Jh. Es setzt sich aus drei Platten zusammen. Das Dreikönigs-Relief auf dem Hochaltar, ist das bedeutendste Kunstwerk der Kirche.

Westflügel des Kreuzgangs erhalten

Vom ehemaligen Kreuzgang (1160 n.Chr.) ist nur der Westflügel erhalten, der in weiten Bereichen noch die wesentlichen Merkmale der originalen romanischen Gestaltung erkennen lässt. Neben zahlreichen Grauwacken und Tuffen sind noch Reste romanischen Putzes erkennbar.

Glocken

Die Pfarr- und ehemalige Klosterkirche St. Pankratius Oberpleis besitzt mit sechs Glocken eines der schönsten Geläute im Rheinland. Aus dem 15. Jahrhundert stammen die beiden Glocken im Dachreiter (Vierungsturm) der Propstei und im heutigen Gefallenen-Ehrenmal.

Steckbrief

Oberpleis, ein Stadtteil von Königswinter liegt im Bergbereich. Zufahrt über Königswinter oder über die B 8. Die Umgebung der Kirche verdient besondere Aufmerksamkeit, denn hier ist noch die ganze mittelalterliche Klosteranlage erkennbar. Herresbacher Str. 3, 53639 Königswinter.

46

Von der Ibach-Orgel werden Improvisationen gespielt

KÖNIGSWINTER Die evangelische Christuskirche an der Grabenstraße ist ein neugotischer, sterngewölbter Backsteinsaal. Die einschiffige Kirche hat einen vorgesetzten Westturm mit steilem Helmdach. Kräftige Strebefeiler gliedern Langhaus und Turm. Dazwischen sitzen hohe dreibahnige Maßwerkfenster. In Königswinter ließen sich mit der Übernahme der Rheinlande durch Preußen zu Beginn des 19. Jh. evangelische Bürger nieder. Ihre Zahl wuchs schnell, so dass in den 1860er Jahren eine eigenständige protestantische Kirchengemeinde gebildet wurde. Architekt Christian Heyden (Königswinter) entwarf den Sakralbau. In zwei Jahren stand das neue Gotteshaus, 1864 wurde die Kirche feierlich eingeweiht.

Beschreibung

Im Vorraum der Kirche findet sich eine Darstellung des Siegels der Gemeinde, dem Wappen des Reformators Melanchthon nachgebildet. Das Altarbild wurde 1903 vom niederländischen Maler Johann Heinrich Sinkel (1835-1908 Düsseldorf) erstellt. Es stellt das Kreuzeswort Christi: „Es ist vollbracht" dar. Maria und Johannes beweinen den Opfertod des gekreuzigten Christus. Hans Müller-Hickler (Darmstadt) fertigte die Kirchenfenster 1901 an. Die drei Glocken des Geläuts wurden ebenso wie die in Rhöndorfs

kath. Pfarrkirche St. Mariä Himmelfahrt vom Bochumer Verein gegossen und 1951 in der Christuskirche aufgehangen. Sie sind auf den Grundton der benachbarten katholischen St. Remigiuskirche abgestimmt. 1986 wurde die erste Sanierung durchgeführt und der Turm mit den ursprünglichen Eckfialen rekonstruiert. Der heutige Innenraum der Christuskirche entspricht in wesentlichen Teilen dem Zustand der Jahrhundertwende vom 19. zum 20.Jh. Die Kirche besitzt seit 1871 eine Ibachorgel aus dem berühmten Orgelbauhaus Richard Paul Ibach (1813-1889) aus Barmen-Wuppertal.

Der vorgesetzte Westturm prägt die Außenansicht der evangelischen Kirche in Königswinter.

Steckbrief

Fünf evangelische Kirchengemeinden wurden im Stadtgebiet von Königswinter gebildet. Die Christuskirche liegt an der Grabenstraße der Königswinterer Altstadt. Das Stadtgebiet Königswinter erstreckt sich in Nord-Süd-Richtung von Beuel bis Rhöndorf.

47

Stadtkirche Blankenberg brannte in den 1980er Jahren

STADT BLANKENBERG (HENNEF) Die kath. Pfarrkirche St. Katharina steht mitten in der Altstadt von Blankenberg. Die Geschichte der Kirche in der ehemaligen gräflichen Teilresidenzstadt Blankenberg lässt sich bis in die Zeit der Grafen von Sayn, insbesondere aber bis zur Landgräfin Mechthild von Sayn zurück verfolgen. Mechthild von Sayn (1203-1285) wechselte bis 1245 gerne von ihrer Lieblingsburg „Neuerburg" im Fockenbachtal bei Niederbreitbach zu den umliegenden Burgen in Bad Honnef oder Stadt Blankenberg. Kraft ihrer Stellung bewirkte die 1246 verwitwete Landgräfin Mechthild im Jahr 1247 die Loslösung der Blankenberger Kapelle vom Pfarrsprengel in Uckerath. Denn durch ihre Witwenschaft stand Mechthild ab 1246 mit der Kölner Kirchenverwaltung in engen Verkaufsgesprächen. Gegen eine hohe Leibrente und zur Sicherung gegen die erbenwollende Saynische Verwandtschaft verkaufte Mechthild alle ihre Eigenburgen samt umliegenden Lehensgütern an ihren Onkel, den Kölner Erzbischof und Kurfürsten. So entstand in Stadt Blankenberg die eigenständige Pfarrei St. Katharina.

Geschichte

Die Grafen von Sayn gründeten im 12. Jh. ihre Landesburg auf dem Sporn Blankenberg oberhalb der Sieg und in ihrem Schutz den Ort Blankenberg, der 1245 zur Stadt erhoben wurde und alle Stadtrechte erhielt. In Stadt Blankenberg bestand im Hochmittelalter eine zur Pfarrei Uckerath gehörende Katharinenkapelle, im 13. Jh. bepfründet durch Gräfin Mechthild. Innerhalb der Stadtmauern von Blankenberg stiftete die Grafenfamilie 1227 zuerst ein Prämonstratenserinnenkloster.[1] Die 1928/34 entdeckten Fresken im Kirchenschiff mit dem Martyrium der Heiligen Katharina, zugleich Blankenberger Kirchenpatronin und bei Hochaltar (Marienkrönung mit den drei Heiligen) sollen um 1250/75 entstanden sein. Bohn vermutet, dass Graf Heinrich von Sayn die „Passio Katharina", die „Leidensgeschichte der Heiligen Katharina während seines Kreuzzuges 1218/19 kennenlernte.[2] Zu dieser Zeit besuchte er auch die Wallfahrtskirche der hl. Katharina im Sinai. Das Katharinenkloster im Sinai in Ägypten wurde zwischen 548 und 565 gegründet. Es liegt am Fuße des Gebel Musa (Mosesberg). Hier befand sich (angeblich) der brennende Dornbusch, in dem sich Gott Mose offenbarte; hier sollen auch die der Legende nach von einem Engel herbeigetragenen Gebeine der hl. Katharina von Alexandrien ruhen, deren Existenz allerdings historisch nicht belegt ist.

Ein Nachfahre des „Brennenden Dornbuschs".
Foto: Hans-Werner Bronk

1247/48, nach dem Tode von Ehemann Heinrich von Sayn wurde das Blankenberger Prämonstratenserkloster in Erfüllung des letzten Willens von Heinrich von Sayn von seiner Witwe dem Zisterzienserinnenorden[3] übertragen. Gräfin Mechthild stiftete zeitgleich das Zisterzienserinnenkloster Herchen.

Schon vorher hatte sie der Gründung eines Zisterzienserinnenklosters in St. Katharinen bei Linz am Rhein zugestimmt und 1235 mit ihrem Ehemann das Zisterzienserinnenkloster Drolshagen begründet. Im 30-jährigen Krieg wurden Burg und Stadt Blankenberg erheblich verwüstet. 1676 wurde die Burg geschleift, das Städtchen verlor erheblich an Bedeutung.

1 Bohn, Thomas: „Gräfin Mechthild von Sayn 1200/03-1285", a. a. O., S. 127.
2 ebenda, S. 127.
3 Das Zisterzienserinnenkloster von Blankenberg wurde zwischen 1259 und 1267 nach Zissendorf verlegt. Kloster Zissendorf in Hennef hatte Bestand von 1247-1802, es beherbergt heute eine Fachklinik.

Foto: Hans-Werner Bronk

1983 abgebrannt – 1987 wiederhergestellt

1245 wurde mit dem Neubau der Pfarrkirche begonnen, finanziert von Mechthild von Sayn. Das Patronat über die Pfarrkirche übertrug die Gräfin 1257 dem Kloster Zissendorf. Im 30-jährigen Krieg wurde die Pfarrkirche ausgeraubt und in Brand gesteckt. 1643 wurde ein neues Langhaus errichtet, 1686 musste es ein zweites Mal neu gebaut werden. Ende des 2. Weltkrieges beschädigen drei Granaten die Kirche erheblich. Die von einem zweilagigen Putz getragenen Fresken des 13. Jh. im unteren Teil des Langhauses wurden erst in den 1920er Jahren wieder entdeckt. Sie waren durch einen spätgotischen Zyklus (15. Jh.) übermalt. Eine durchgreifende Renovierung erfolgte 1954-1964, dabei wurde der sichtbare Erweiterungsbau angefügt. Am 20. Februar 1983 brannte Kirche. Die wertvollen mittelalterlichen Wandmalereien wurden teilzerstört oder erheblich angegriffen. Restauratoren gelang es das Kircheninnere bis 1987 wieder herzustellen.

Beschreibung

Das Gotteshaus ist ein einschiffiger, verputzter, schmaler Saalbau aus dem 17. Jh. mit einem gewölbten Chor aus einem Joch und einem 5/8-Schluss. Der Chor gliedert sich in ein schmales Rechteckjoch mit eingezogener Fünfachtelapsis. Ein Triumphbogen setzt ihn vom flachen gedeckten Langhaus ab. Die Gewölbe, deren Grate rippenartig abgeplattet sind, ruhen auf schlanken, dreifachen Dienstbündeln mit Schaftringen und Knospenkapitellen. Vom Dachreiteraufgang aus folgt eine rundbogige Pforte, die Eichentürflügel ziert ein Eisenbeschlag (14. Jh.). Ende des 2. Weltkrieges beschädigen drei Granaten die Kirche erheblich. Die von einem zweilagigen Putz getragenen Fresken des 13. Jh. im unteren Teil des Langhauses wurden erst in den 1920er Jahren wieder entdeckt. Sie waren durch einen spätgotischen Zyklus (15. Jh.) übermalt. Die Fresken gelten als wichtige Zeugnisse der mittelalterlichen Kunst im Rheinland. Eine durchgreifende Renovierung erfolgte 1954-1964, dabei wurde der sichtbare Erweiterungsbau angefügt. Am 20. Februar 1983 brannte die Kirche. Die wertvollen mittelalterlichen Wandmalereien wurden teilzerstört oder erheblich angegriffen. Restauratoren gelang es, das Kircheninnere bis 1987 wieder herzustellen. Die Wandmalereien an der östlichen Apsiswand zeigen eine Marienkrönung. Der Gottessohn setzt der Himmelskönigin die Krone auf. Das Fresko an der nördlichen

Apsiswand zeigt unter Ziergiebeln die Brustbilder des heiligen Petrus mit Schlüssel und Kreuzstab. Der spätgotische Katharina-Zyklus (15. Jh.) schildert in zehn Episoden die Legende der heiligen Katharina.[4] Sehenswert ist der alte Beichtstuhl. Das Taufbecken aus Trachyt (13.Jh.) ist ein Kapitell aus der ehemaligen Burgkapelle. Die Kirchenbänke sind Kopien der vernichteten barocken Bänke wg. des Brandes. Die König-Orgel ist auch eine Kopie, die Ölgemälde sind Leihgaben oder Kopien von Nachbarkirchen.

Steckbrief

Um 1150 errichteten die Grafen von Sayn auf einem Felssporn hoch über der Sieg die Burg Blankenberg. Sie schufen sich damit einen festen Platz und einen Mittelpunkt für ihr kleines Territorium, das sich auf den Ostrand der Siegburger Bucht und auf den Randhöhen des Bergischen Landes und des Westerwaldes erstreckte. Die bürgerliche Siedlung, die sich an die Burg anschloss, erhielt 1245 die Stadtrechte. Burg, Stadt und Kirche gelten als Muster eines mittelalterlichen Dynastensitzes, dessen Grundstruktur erhalten und an den Türmen, Mauern und Gräben ablesbar ist.

4 Fischer, Helmut: „Die Pfarrkirche St. Katharina Stadt Blankenberg 1248-1998", Siegburg 1998.

48

Mit 74 Metern höchster Kirchturm im Rhein-Sieg-Kreis

HENNEF 1898-1900 erfolgte der Neubau der katholischen Hennefer Pfarrkirche als dreischiffige Bruchsteinhalle im neugotischen Stil. Im Zentrum der Hennefer Altstadt wurde Ende des 19. Jh. das bisherige Kirchenschiff niedergelegt. Die Kirche wurde den Aposteln Simon (der Zelot) und Judas (Thaddäus) geweiht.

Geschichte

Eine erste Hennefer Kirche St. Simon und Judas Thaddäus wurde auf dem Lehen des Bonner St. Cassius-Klosters errichtet. Die aus dem Hochmittelalter stammende Kirche wurde 1904 abgerissen. Wahrscheinlich erhielt die Kirche das Patronat der Apostel Simon und Judas (Thaddäus) erhalten, weil Kölns Erzbischof Anno II. vor seiner Kölner Zeit Propst des Stiftes Simon und Judas in Goslar war. Erzbischof Anno widmete das Bonner Lehen bei der Bepfründung der von ihm gestifteten Abtei St. Michael um und gab die Höfe und Landwirtschaft der Siegburger Abtei. Das Bonner Cassiusstift stand ohne seine Hennefer Besitztümer samt Kirche da, wurde zwar von Anno entschädigt, aber gegen seinen Willen. Eine Urkunde von 1064 erwähnt, dass Erzbischof Anno die in Hennef stehende Kirche zusammen mit ihrem Zehntrecht der Siegburger Abtei überträgt. Vergeblich protestierten die Bonner gegen diese Maßnahme. Beim Tod Annos flammte der Streit zwischen der Abtei Michaelsberg

und dem Bonner Stift St. Cassius um die Besitzverhältnisse in Hennef neu auf. 1132 n. Chr. wurde Hennef endgültig der Siegburger Abtei zugesprochen, St. Cassius erhielt Ausgleichszahlungen von der reichen Siegburger Abtei. Während des 30-jährigen Krieges wurde die alte Hennefer Kirche schwer beschädigt und geplündert, erneut in den Kriegen 1672 und 1689, dabei gingen die Kirchenbücher verloren. Umfangreiche Renovierungsarbeiten wurden 1720 durchgeführt. 1744 wurde der Westturm mit einer hübschen Schweifhaube neu gebaut. An ihn wurde die St. Johanneskapelle angebaut. Die Kapelle wird heute nicht nur für kirchliche Begräbnisfeiern genutzt. Das Pfarrhaus stammt noch von 1786.

Beschreibung

Architekt Theodor Roß (Köln) entwarf die neue Hallenkirche als hellen Sakralbau im neugotischen Stil. Sie erhielt einen Dreiapsidenabschluss mit vorgesetztem Westturm. Bei dem Neubau war eine Ausrichtung der Kirche nach Osten aus Platzgründen nicht mehr möglich. Der 74 m hohe Turm wurde nach Süden ausgerichtet, Chor- und Altarraum befinden sich im Norden. Am 24. September 1900 weihte Erzbischof Hubert Theophil Simar die Kirche ein. Reliquien der Kirchenheiligen Agilof und Paulinus wurden in den Hochaltar übertragen. Der neue Hochaltar wurde mit Teilen des alten Hochaltars neu geschnitzt. An den Wänden sind fast lebensgroße Statuen der Zwölf Apostel angebracht. Entsprechend dem Patronat der Kirche stehen Simon (mit Säge) und Judas (mit Keule) auf beiden Seiten an vorderster Stelle. Die Figuren aus Ton (1907) wurden gestiftet. Der alte handgeschnitzte Kreuzweg stammt aus St. Ulrich, Südtirol und wurde 1901 hergestellt. Bildhauer Heinz Gernot (Köln) schuf den Tabernakel aus weißem Kalkstein. Einige der zahlreichen Kirchenfenster zeichnen sich durch ausdrucksvolle Farben aus.

Höchster Kirchturm

Ein neuer Turm wurde 1973 in Ziegelbauwerk errichtet. Er ist mit 74 Metern der höchste Kirchturm im Rhein-Sieg-Kreis. In ihm läuten sechs Kirchenglocken: die Salvator-Glocke, die Joseph-Glocke, die Andreas-Glocke, die Simon-Glocke und die Thaddäus-Glocke (alle Jahrgang 1955) sowie die Barbara-Glocke aus dem Jahr 1931. Die Glocken können Anfangsmelodien bekannter Kirchenlieder wie „Christ ist erstanden" und „Nun bitten wir den Heiligen Geist" läuten. Joachim Kardinal Meisner weihte am 29. Oktober 2006 eine neue Kirchenorgel ein. Für die Orgellandschaft im Siegtal war dies ein weiterer, herausragender Akzent. Die beiden Seitenaltäre sind der Jungfrau Maria und dem hl. Hubertus geweiht. Der Vorplatz der Kirche erhielt 2006 den Namen Karol-Wojtyla-Platz.[1]

Steckbrief

Die neugotische Kirche St. Simon und Judas ist mit ihrem 72 m hohen Kirchturm die größte Kirche im Rhein-Sieg-Kreis. Die rd. 40.000 Einwohner zählende Stadt Hennef verwaltet über 100 Gemeindeteile. Hennef liegt am Fluss Sieg. Siegburg grenzt an das Stadtgebiet. Erreichbar über die ehemalige B 8, jetzt L 333 und BAB Ausfahrt der A3. Die Kirche liegt an der Kirchstraße 3 in Hennef Altstadt.

1 Watrinet, Christoph: „Ein Rundgang durch die Pfarrkirche St. Simon und Judas“, Hennef, Faltblatt, Hennef 1995.

49

St. Servatius besitzt einen der bedeutendsten Kirchenschätze der Welt

SIEGBURG Im Zentrum der Stadt, auf einem eigenen Plätzchen liegt am Fuße des Michaelbergs die katholische Pfarrkirche St. Servatius. Servatius, Bischof des Bistums Lüttich/Maastricht im 4. Jh. ist einer der drei Eisheiligen. Ein Bauwerk, von 1150-1220 gebaut, das in den folgenden 840 Jahren viel umgebaut und verändert wurde, aber im Kern heute noch so vor uns steht. Der Siegburger Chor kann als frühe Rezeption des Kölner Domchores[1] betrachtet werden. Der Reichtum dieser Kirche lädt geradezu zum Besuch ein, gleich ob man Gott begegnen will, die 840 Jahre alte Kirche auf sich wirken lassen will oder ob man sich die weltweit einmaligen, kunsthistorisch sehr bedeutsamen Reichtümer in der Schatzkammer auf der Empore der Kirche anschauen möchte.

Geschichte

Pfalzgraf Heinrich aus dem Geschlecht der Ezzonen verfügte bis 1056 in Siegburg über die Macht und eine erste Kirche, den Vorgängerbau der Servatiuskirche. Erzbischof Anno II., Stifter der Benediktinerabtei St. Michael und Kölner Kurfürst, vertrieb 1056 mit militärischen Mitteln den Pfalzgrafen aus dem Erzbistum und eroberte die pfalzgräfliche Burg auf dem späteren Abteiberg. 1064 ließ Anno II. anstelle der Burg eine Klosteranlage auf dem Berg errichten. 1069 erhielt Siegburg wichtige Stadtrechte wie Markt-, Zoll- und Münzrecht und stieg schnell auf als Handwerker- und Handelsmetropole auf dem Weg Köln-Frankfurt. Die dreischiffige Emporenkirche aus Tuff mit mächtigem, vorgesetztem Westturm und dreiteiligem Chor mit 5/8 Abschlüssen war um 1220 fertiggestellt. Die Maße der Kirche betragen in der Länge 43 m, in der Breite 16 m, in der Höhe 18 m.

Beschreibung

Der heutige gotische Chor entstand ab 1265/1270. Ab dem 16. Jh. wurde das romanische Langhaus architektonisch umsichtig mit dem gotischen Chor verbunden. Das Mittelschiff wurde im spätgotischen Stil erhöht und eingewölbt, das südliche Seitenschiff mit Vorhalle komplett abgerissen und mit geänderter Raumhöhe und Lichtführung wiederaufgebaut. Im 17. und 18. Jh. führten Brand- und Kriegsschäden zu weiteren baulichen Veränderungen. 1869 wurde der Turm durch einen Spitzhelm neu gedeckt. 1888 erneuerte man die neben dem Turm liegenden Teile der Seitenschiffe in neugotischen Formen. Beide dienen seitdem als Eingänge zu den Seitenschiffen und enthalten gleichzeitig die Aufgänge zu den Emporen.

1 Dehio, Georg: „Handbuch der Deutschen Kunstdenkmäler, Ausgabe NRW I", a. a. O. S. 1087

Außenbau

Der Westturm ist zweifelsohne der dominierendste Bauteil. Er überragt mit 35,7 m die ihn umgebende Bebauung. Seine Höhe erreicht er ohne Schieferpyramide des Helmes. Nach außen ist er in fünf, innen in sechs Geschosse unterteilt. Die Seitenportale sind kleiner und einfacher, ohne vorgeblendete Rahmung. Das Mittelschiff zeigt sich nach außen schlicht. Man erkennt den basilikalen Aufbau der Kirche durch die Rücksprünge der Seitenschiffe. Die dreiteilige gotische Choranlage besteht aus einem Hauptchor und zwei kleineren Nebenchören, die sich parallel gestaffelt im Osten an das Langhaus anschließen. Die Strebepfeiler des Hauptchores enden in filigranen Fialen, die über die Dachtraufe hinausragen. Die zehn unterschiedlich figural gestalteten Wasserspeier wurden in der zweiten Hälfte des 13. Jh. aus Drachenfels Trachyt gefertigt.[2] Es handelt sich dabei um Kopien von 1985. Die Originale aus Trachyt findet man in der Kirche und im Stadtmuseum. Neuere Renovierungen in den 1980er Jahren, bei denen auch Langhaus und Chor verputzt und farbig gefasst wurden.

2 Vergl. Renard, Edmund : „Die Kunstdenkmäler des Siegkreises", Düsseldorf 1907, S. 195- S. 224.

Innenraum

Das Eingangsportal im Turmuntergeschoss dient als Taufkapelle, der romanische Taufstein ist vom Anfang des 13. Jh. Die Mittelschiffwände sind durch fünf einfache Arkaden- und Emporenöffnungen, große Maßwerkfenster und Wandvorlagen gegliedert. Auf jeder Seite sind vier Apostelfiguren (16.Jh.). Ein golden schimmernder Hochaltaraufsatz zieht alle Blicke im Altarraum auf sich. Die Altarflügel (1903) zeigen außen Szenen aus der Leidensgeschichte Christi und innen aus der Lebensgeschichte Anno II. Der neue marmorne Altarblock, der Ambo und das über dem Altar hängende Kreuz fertigte Sepp Hürten (Köln). Ein eingearbeiteter Christus-Corpus ist eine alpenländische Arbeit (1500). Drei jüngere Altäre sind in der Kirche aufgestellt. Der Hl.-Servatius-Barock-Altar im Nordchor mit einer Statue aus dem 18. Jh. Im Südchor ein Altar aus dem 19. Jh. mit Christusdarstellungen auf dem Retabel und ein Marienaltar auf der nördlichen Empore. Die Chorfenster schuf 1958/59 Dombaumeister Willy Weyres (Köln). Die Seitenchorverglasungen sind in kleinteiligen geometrischen Mustern in Blau-Rot-Weiß gehalten, die sehr gut mit den im Südchor freigelegten Fresken harmonieren. Die Hauptchorfenster sind mit reichen, stark farbigen Mustern versehen. Im Achsfenster sind alttestamentliche Szenen den neutestamentlichen gegenübergestellt.[3] Von einigen Heiligen birgt die Kirche Reliquien. 1990 wurde die Orgel (1894) erneut überarbeitet.

3 Polzin, Angelika: „Rheinische Kunststätten – Die Pfarrkirche St. Servatius in Siegburg", Köln 1991

Die Siegburger Schatzkammer

Die heute in der Schatzkammer der Servatiuskirche und in der Abtei Michaelsberg aufbewahrten Heiligtümer bilden einen der bedeutendsten Kirchenschätze der Welt. Bis 1803 hatte die Abtei den Großteil der Reliquien, gestiftet vom 1183 heiliggesprochenen Kölner Erzbischof Anno, der wollte, dass nach seinem Tod die Abtei Wallfahrtskirche werden sollte. In der zweiten Hälfte des 12. Jahrhunderts entstanden, meist in Köln, die großartigen Reliquienschreine. Sankt Servatius besitzt durch die Klosterauflösung 1803 die entscheidenden Kirchenschätze, gerettet von den Bürgern Siegburgs, die den Abtei-Schatz nach St. Servatius holten. Darunter den Bischofsstab des hl. Anno. Heiligabend 2009 wurde er restauriert wieder in die Schatzkammer zurückgebracht.

Erzbischof Anno (1066) sammelte für sein eigenes Seelenheil Reliquien aus aller Welt, die in wertvollen Schreinen aufbewahrt wurden, wie dieser Mauritiusschrein mit Knäufen aus Bergkristall. Links: Sakramentsmonstranz von 1699.

Kölner Erzbischof begeht 1062 einen Staatsstreich

Kölns Erzbischof Anno II. war 1062 Hauptrådelsführer des Staatsstreiches von Düsseldorf-Kaiserswerth. Ein bis dahin beispielloses Vorgehen in der Geschichte. Eine Gruppe von Reichsfürsten unter der Führung Annos entführte den elfjährigen König Heinrich IV. auf ein Rheinschiff des Bischofs. Von der regierenden Mutter, Kaiserinwitwe Agnes, wurde als Lösegeld die Herausgabe der Reichsinsignien erpresst. Anno II. hatte damit 1062 die Kontrolle über die deutsche Regierungs- und Staatsgewalt. Bischofsstab und Ring spielten im MA die entscheidende Rolle bei der Einsetzung von Bischöfen durch den König. Neben dem Ring gehörte der Hirtenstab zu den Herrschaftszeichen eines Bischofs. Die alten Exponate im Besitz der Pfarrkirche verraten, dass das kleine Siegburg einst Weltbedeutung hatte. Erzbischof Anno spielte im Leben des deutschen Königs Heinrich IV. eine große Rolle. Bekannt blieb uns aus unserem Geschichtsunterricht König Heinrichs Gang nach Canossa.

Steckbrief

Kreisstadt Siegburg. BAB-Zufahrt. ICE-Bahnhof. Zahlreiche Parkhäuser in der Innenstadt. Viele interessante Museen. Der Siegburger Kirchenschatz von St. Servatius besteht aus herrlichen Schreinen, Tragaltären und Reliquien. Kelche, Monstranzen und Stoffe sind in der Schatzkammer zu bestaunen. Die Schatzkammer ist an die Kirche angebunden. Beim Gang durch die Pfarrkirche St. Servatius lohnt eine Besichtigung. Daneben ist ein Besuch der Abteikirche auf dem Michaelsberg anzuraten, in der sich als Dauerleihgabe der Annoschrein befindet. So schließt der Besucher auch räumlich den Kreis, der die beiden Gotteshäuser inhaltlich miteinander verbindet. Öffnungszeiten: www.servatius-siegburg.de

Der weltberühmte Anno-Stab. Die Spitze des Stabes gilt den Wölfen, die Wölbung schützt die Schafe. Neben dem Ring gehörte der Hirtenstab zu den Herrschaftszeichen eines Bischofs. Der Stab ist aus Holz, Silber, Elfenbein und Eisen gefertigt. „Tatyrus, halte das Vieh zusammen!" lautet eine seiner Inschriften. Der Schaft mündet in einer Schlange, die eine Taube in ihrem Maul trägt. Er wurde Weihnachten 2009 hochgesichert und tiefgekühlt von seiner Restaurierung zurück gebracht. In der Fotomitte der Hüter der Schatzkammer, Dr. Wolfgang Baum.

Die Stadtkirche besitzt den fast 1000-Jahre alten Original-Bischofsstab des heilig gesprochenen Kölner Erzbischofs Anno II.

Die Annokrümme ist dem Schäferstab nachgebildet (Pfeil). Foto: Beate Christ

50

Savonnières-Altarbild von Elmar Hillebrand

PÜTZCHEN (BONN) Die katholische Pfarrgemeinde St. Adelheid im Bonner Stadtteil Pützchen feierte 2006 ihren 100. Geburtstag, obwohl die Verehrung der 2009 heilig gesprochenen Adelheid sich schon im 17. Jh. von ihrer Ursprungsstätte Vilich zunehmend nach Pützchen verlagert hatte. Erst 1906 wurde die bisherige Klosterkirche in Pützchen zur Pfarrkirche der Kirchengemeinde St. Adelheid. Im Zuge des 30-jährigen Krieges waren die Gebeine der hl. Adelheid aus der Stiftskirche in Vilich[1] geraubt worden, die Wallfahrt veränderte sich dadurch zunehmend zum „heiligen Brunnen“, dem Pützchen[2] im gleichnamigen Bonner Ort. Der Karmeliterorden übernahm 1698 die Wallfahrtsseelsorge in Pützchen und errichtete Kloster samt Kirche.

Kirche St. Adelheid

Die historische Klosterkirche in Pützchen wurde seit 1724 gebaut und 1769 geweiht. 1887 wurde die Kirche von einem verheerenden Brand heimgesucht, aber schon drei Jahre später wurde der Wiederaufbau abgeschlossen. Am 06. April 1942 (2. Weltkrieg) wurde die Kirche von alliierten Bomben getroffen und brannte vollständig bis auf die Außenwände aus. Das gesamte Inventar war vernichtet, Küster Kurschilgen gelang es jedoch, ausgerechnet die historische Fahne des katholischen Kirchenchores St. Adelheid vor den Flammen zu retten. Die Pfarrgemeinde engagierte sich unmittelbar nach Kriegsende für einen umfassenden Wiederaufbau der Pfarrkirche, aber erst mit der Währungsreform standen 1948 ausreichende Baumaterialien zur Verfügung und war politisch geklärt, wer den Wiederaufbau finanzierte. Der Kulturfond des neuen Landes Nordrhein-Westfalen stellte das Geld bereit für den Wiederaufbau. In Anlehnung an den Zustand des späten 19. Jh. wurde das Sakralbauwerk wieder hergestellt. Am 14.08.1955 konnte endlich die erste Messe in der Pfarrkirche gefeiert werden.[3]

1 Löhr, Hermann-Joseph: „Das Vilicher Kloster“ in: „Ein Himmel aus Stein“, Bd. I, Asbach 2009, S.83 ff.
2 Löhr, Hermann-Joseph: „Wunder der Adelheid ließen Pützchens Markt entstehen“, in: „Ein Himmel aus Stein“, a. a. O., S. 76 ff.
3 Gustorf, Martin: „Die Pfarrkirche in Pützchen“, in: 10 Jahre Pfarrgemeinde Pützchen, a. a. O., S. 39.

Baubeschreibung

Die Kirche stellt sich dar als schlichter, verputzter Saalbau im Barockstil. Der Eingangsgiebel ist verziert mit einem reichem Hau-Steinportal mit dem Wappen des Kurfürsten Karl Philipp von der Pfalz (1661-1724). Der Bau wird von einem Dachreiter gekrönt. Das Gewölbe wurde als Flachtonne über einer Pilastergliederung hergestellt. Der Boden ist mit kostbarem, schwarz-grauen Marmor ausgekleidet, die Seiten- und der alte Hauptaltar wurden aus Marmor hergestellt. Die beiden Nebenaltäre schuf 1958 Karl Matthäus Winter. Die Gesamtleitung in den 1950er Jahren hatte Architekt Karl Band (Köln). Mooreiche wurde zur Herstellung der neuen Sitzbänke verwendet. Auch die Taufkapelle wurde mit Marmor ausgestattet.

Altar wurde zum Blickfang

Blickfang beim Betreten des Langhauses ist der neue, hochmoderne und sehr ansprechende Altar. Er wurde 1962 von Professor Elmar Hillebrand (*1925) und dem Bildhauer Theo Heiermann (1925-1996) aus Savonnières-Kalkstein[4] geschaffen und 1979/80 neu gefasst. Hillebrand arbeitete schon am Kölner Dom mit Kalkstein von Savonnières. Am Dom wurde der Stein ab 1848 als Bau- und Werkstein für außen- und innenstehende Figuren, für die Baldachine und Fialenaufsätze an den Portalen eingesetzt. Hillebrand schuf daraus das neue Sakramentshäuschen im Kölner Dom 1964. Elmar Hillebrand arbeitete u. a. in der Dombauhütte in Köln und wurde zum Professor für Plastik an die Fakultät für Architektur der RWTH Aachen berufen. Die beiden Bronzetüren des Hauptportals der St. Adelheidiskirche wurden 1957/58 ebenfalls von Hillebrand entworfen. Hillebrand erstellte auch in der Krypta der St. Pankratiuskirche in Oberpleis einen neuen Tabernakel und Reliquienschrein. Von Heiermann stehen in der näheren Umgebung der DuMont-Brunnen auf der Kölner „Breite Straße“ oder die große Plastik vor dem Franziskus-Krankenhaus in Linz am Rhein. Die letzte Kirchenrenovierung wurde 2005 durchgeführt.

Schlichter, verputzter Saalbau, nach völliger Zerstörung 1959 wieder hergestellt.

4 Savonnières ist ein beiger Kalkstein aus Frankreich.

Hochaltar aus Savonnières-Kalkstein, 1979/80 neu gefasst.

Steckbrief

Die Kirche und die umgebauten verbliebenen Klostergebäude in Bonn/Pützchen liegen am St. Adelheidisplatz 13. Pützchen hat eine eigene Autobahnausfahrt an der BAB 59 Bonn-Köln.

51

Deutschlands bedeutendste romanische Kirche

SCHWARZRHEINDORF In Deutschland besitzt die Bonner Doppelkirche St. Maria und St. Klemens im Ortsteil Schwarzrheindorf den größten zusammenhängenden Zyklus romanischer Kirchenwand- und Deckenmalerei mit Motiven des Alten Testaments. Der Freskenzyklus nach Motiven des Propheten Ezechiel aus dem 12. Jh. ist völlig erhalten. Die Schwarzrheindorfer Fresken werden von Fachleuten als faszinierende theologisch-geschichtliche Schau des hohen Mittelalters bezeichnet[1]. Die mehrfach restaurierten und übermalten Darstellungen entstammen noch in ihrem überwiegenden Teil[2] dem 12. Jh. Das schwierige und ungewöhnliche Bildprogramm in kräftiger Farbgebung enthält unter anderem die Visionen des Ezechiel, die Zerstörung und den Wiederaufbau Jerusalems und apokryphe Darstellungen wie den Tempelgang Mariens. Apokryphe Erzählungen werden

Der mächtige Vierungsturm dominiert das romanische Kirchengebäude.

1 Hansmann, Wilfried; Hohmann, Jürgen: „Die Gewölbe- und Wandmalereien in der Kirche zu Schwarzrheindorf, Worms 2002.
2 Der romanische Malereizyklus ist zu 70 Prozent im Originalzustand des 12. Jh. nach Untersuchungen des Rheinischen Amtes für Denkmalpflege erhalten.

Im Boden der Klosterkirche das Grab Arnolds von Wied.

Innenansicht der Oberkirche.

offiziell nicht als Teil der Bibel anerkannt, werden aber kirchenhistorisch als den Büchern der Bibel ähnlicher Text zugeordnet. Da in Europa 98 Prozent der früheren Wandmalereien in Europa verloren gegangen sind, ist den Schwarzrheindorfer Fresken von 1151 eine ganz besondere Bedeutung beizumessen. Es sind nur noch wenige Beispiele von ähnlich hohem künstlerischen Rang aus jener Epoche erhalten. Diese reichhaltige Wand- und Deckenmalerei aus der Romanik sowie die besondere Architektur des als Doppelkirche errichteten Sakralbauwerks machen Schwarzrheindorf zur bedeutendsten romanischen Kirche Deutschlands. Nicht von ungefähr ist daher das Gotteshaus als Kulturdenkmal unter Schutz gestellt. Der mächtige Vierungsturm dominiert das romanische Kirchengebäude. Arnold zu Wied begleitete als Reichskanzler den deutschen König Konrad III. von 1147 bis 1149 beim missglückten Zweiten Kreuzzug. Es gibt Vermutungen, dass der Baustil der Kirche der Grabeskirche von Jerusalem nachempfunden werden sollte.

Geschichte: Geschwister von Wied stiften Doppelkirche

Graf Arnold zu Wied wurde 1134 Reichskanzler und begleitete den deutschen König Konrad III. von 1147 bis 1149 beim missglückten Zweiten Kreuzzug. Es gibt Vermutungen, dass der Baustil der Kirche der Grabeskirche von Jerusalem nachempfunden werden sollte. Auf dem Hofgut am Bonner Rheinufer wurde aus der ehemaligen Burgkapelle des Grafen von Wied die Doppelkirche St. Maria und St. Clemens errichtet. Zuerst wurde die Hauskapelle erweitert, dann die hochwertige Kirche gebaut. Arnold von Wied dokumentierte mit dem Prunkbau auch seinen hohen machtpolitischen Anspruch, den er somit über seinen Tod hinaus veranschaulichen wollte. Die Kirche sollte zugleich sein „Mausoleum“ bilden.
Die Finanzierung teilte sich Arnold II. wohl mit seiner Schwester Hadwig von Wied, der Äbtissin der Klöster Gerresheim und Essen war und bereit war, in Schwarzrheindorf ein neues Kloster mitzubauen. Als Äbtissin verfügte Arnolds Schwester über die Finanzmittel der beiden Klöster. Schwarzrheindorf war also eine frühe deutsche Familienstiftung. Noch heute zeigen die Wandgemälde von St. Clemens die Stifter Arnold und Hadwig demütig vor dem Weltenrichter Jesus Christus. Die vielen Säulen und Kapitelle verraten nicht nur dem Kunsthistoriker, dass der aufwändige Kirchenbau ein Vermögen verschlungen haben muss. Ihre Erbauer mussten über erhebliche Finanzmittel verfügt haben. Die Doppelkirche mit dem kreuzförmigen Grundriss wurde 1151 vom neu ernannten Kölner Erzbischof Arnold Graf von Wied in Gegenwart des Stauferkönigs Konrad III. eingeweiht.

Kirchenführung

Das Bauwerk wird Doppelkirche genannt, weil zwei Kirchenräume mit jeweils eigenen Altären über- und ineinander gebaut wurden. Der ursprünglich kreuzförmige Zentralbau ist im Innern unten durch die Säulenstellung sowie durch die Stufen markiert und oben durch die Orgel. In der Taufkapelle steht noch der romanische Taufstein. Die in Kirchenführern oft zu lesende Beschreibung „Ober- und Unterkirche“ trifft weniger zu, denn nicht zwei selbständige Kirchenbauwerke stehen übereinander, sondern die Baumeister errichteten im 12. Jh. einen großen, durch die Boden- oder Deckenöffnung miteinander verbundenen Raum. Die achteckige Öffnung ist genau in der Raummitte und erinnert an Aachens Domkirche. Der untere Raum ist um eine obere Kapelle aufgestockt. Um die obere Kirche wurde eine Zwerggallerie mit reich verzierten Säulen gelegt, die Galerieöffnung schafft Blick- und Schallverbindung mit der unteren Kirche. Von oben kann man das Geschehen am unteren Altar mitverfolgen, dennoch haben die übereinander liegenden Räume jeweils einen eigenen Altar. Besonders schöne Details bieten die Wandmalereien in der Unterkirche. Dabei illustrieren die Zyklen nicht einfach nur Erzählungen aus dem Alten Testament. Vielmehr treffen die Kirchenbesucher auf ein ausgeklügeltes System von Bezügen der Bildfelder untereinander. In ihrer Anordnung stellen diese mehr Bedeutung her, als die Summe der einzelnen Bilder leisten könnte. Die mittelalterlichen Malereien waren im 16. und 17. Jh. übertüncht worden. Mitte des 19. Jh. wurden sie wieder entdeckt und freigelegt, ab 1863 restauriert. Die Restaurierungen gaben der Kirche eine enorme Farbenfrohheit. Die außen an der Kirche angebrachte Grabplatte widmete Arnold II. seinem Vorgänger im Amt des Erzbischofs.

Volks- oder Adelskirche?

Die Oberkirche ist der Gottesmutter, die Unterkirche dem hl. Clemens geweiht. Warum „Doppelkirche“? Durch die achteckige Öffnung genau in Raummitte konnte der Herrscher der Messe beiwohnen, ohne sich unter das Volk zu begeben oder auch nur gesehen zu werden. Diese immer wieder erneuerte Theorie, nach der die Trennung in zwei Kirchenräume einer bewussten Trennung von Volk (untere Kirche) und Adel (obere Kirche) dienen sollte, lässt sich durch neuere Forschungen nicht mehr halten.

Arnold deutscher Reichskanzler und Kölner Erzbischof

Arnold (1098-1156) und Hadwig (1120-1172) gelten als Kinder des Metfried von Wied. Arnold wurde vom Stauferkönig Konrad III. 1138 zum Kanzler des Deutschen Königsreiches berufen. Schon 1122 wurde er Propst des Domes zu Limburg. 1127 wurde er außerdem Propst des Domes zu Köln. Im Mittelalter war es nicht notwendig, dass der Propst selbst Geistlicher war; häufig wurde dieses Amt von Adligen übernommen, da es mit großen Pfründen verbunden war. Ein weiterer Vorteil war, dass der Propst in der Regel von der Residenzpflicht befreit war. Als Reichskanzler erhielt er zusätzlich die Einkünfte des Propstes zu Maastricht. Unter Konrad III. veränderte sich die königliche Verwaltung[3]. 1151 wurde Arnold von Wied Erzbischof von Köln. In diesem Amt krönte er am 09. März 1152 Friedrich I. Barbarossa in Aachen zum deutschen König.

Hadwig von Wied (1120-1172) lässt Doppelkapelle verlängern

Aus den Urkunden, die Hadwig als Essener Äbtissin ausstellte, ergibt sich als Bild von ihr, als einer Trägerin von weltlicher Macht und Herrschaft. Hadwig übernahm nach dem Tod ihres Bruders Arnold 1156 den Aufbau der Frauengemeinschaft in Schwarzrheindorf, wo sie ihre jüngeren Schwestern Sophia und Siburgis (nach 1167) als Äbtissin bzw. Dechantin einsetzte. Sie richtete ein adliges Frauenstift ein. Sie ließ die als Zentralbau

3 Ab 1138 gab es eine zentrale Reichskanzlei des dt. Königs. Der Reichskanzler war Leiter der polit. Tagesgeschäfte. Der erste Kanzler von König Konrad II. war Arnold II. von Wied, der mit eigenständigen diplomatischen Missionen betraut wurde. Der Personalbestand der Reichskanzlei wuchs. Die folgenden staufischen Herrscher setzten diese Politik fort.

Die in der Barockzeit eingebaute Orgel.

mit Kreuzarmen gebaute Doppelkapelle um zwei Joche nach Westen verlängern und ihren Mittelturm um ein Geschoss erhöhen.

Kloster Schwarzrheindorf

Arnold von Wied wurde in der Kirche St. Clemens des Klosters Schwarzrheindorf beigesetzt. Das Kloster wurde im Wiedtal (Kreis Neuwied) mit Bauernhöfen und Weinhängen begütert. Ihm gehörte in Niederbreitbach ein Hof beachtlichen Ausmaßes. Später wurde aus der Klosteranlage ein „freiadlig-weltliches" Damenstift. Im 16. und 17. Jh. wurde die Doppelkirche erheblich beschädigt. Aus dem 18. Jh. stammt das schöne Turmkreuz. Seit 1868 wird die Kirche wieder als Pfarrkirche genutzt. Das Kloster bestand bis 1803, aufgehoben in der Säkularisation.

Arnold von Wieds Grab Ende 20. Jh. wiederentdeckt

Zum Ende des 20. Jh. wurde bei Arbeiten an der Fußbodenheizung das ursprüngliche Grab des Arnold von Wied gefunden[4] (Foto nächste Seite). Der Sarkophag war im Fußboden eingelassen und war als überhöhte Grabplatte dargestellt. Die Entdeckung von Arnolds Grab und die Anfang des 21. Jh. durchgeführte Renovierung der Kirche verdankt Schwarzrheindorf seinem langjährigen Pfarrer Monsignore Karl Königs (1926 bis 2005).

4 Arnolds von Wied Gebeine wurden neu in eine Stahlkassette unter dem 1997 geschlossenen Grabstein in St. Clemens gebettet.

Steckbrief

Schwarzrheindorf liegt am rechtsrheinischen Rheinufer im Norden des Stadtbezirks Bonn-Beuel. Zu Fuß ab Kennedy-Brücke (Beueler Seite) am Rhein entlang bis zur Kirche, etwa 30 Minuten Gehzeit. Mit dem Auto über Beuel-Zentrum nach Schwarzrheindorf der Ausschilderung folgen. Der Name Schwarzrheindorf stammt wohl von der schwarzen Tracht der Nonnen im Rheindorfer Kloster – im Gegensatz zu den Ordensschwestern auf der anderen Seite des Rheins, die Grau trugen – daher dort „Graurheindorf". Schwarzrheindorf, Dixstr. 41, Bonn.

Ortsregister

Ortsregister Band I „Ein Stück Himmel aus Stein“ – historische Pilgerstätten, Kapellen und Pfarrkirchen in unserer Heimat zwischen Rheintal, Sieg und Wied.

Seite

Literaturverzeichnis

A
Aufderheide, Herbert; Ebbinghaus, Gerhard; Zeiler, Ernst: „Geschichte des Kirchspiels Urbachs", Wissen 1987

B
Becker, Kurt (Hrsg.): „Heimatchronik des Kreises Neuwied", Neuwied 1966
Bitterauf-Remy, Margot u. a.: „Die Kunstdenkmäler des Kreises Altenkirchen"; 16. Band;
Reihe: „Die Kunstdenkmäler der Rheinprovinz", Abteilung Düsseldorf 1935
Bohn, Thomas: „Gräfin Mechthild von Sayn (1200/03-1285) – Eine Studie zur rheinischen Geschichte und Kultur", Köln 2002
Blum, Frank: „Seit 125 Jahren Ziel der Gläubigen: die Marktkirche Neuwied", in: Heimatjahrbuch 2010 Kreis Neuwied, Neuwied 2009
Burghard, Hermann; Kapser Cordula: „Linz am Rhein", Köln u. a. 2002
Busch, Gabriel: „Kapellenkranz um den Michaelsberg"; Siegburg 1985
Busch, Gabriel: „Alte Kirchen um den Michaelsberg", Siegburg 1986
Busch, Gabriel: „Novene zur Scherzhaften Mutter in Bödingen", Siegburg 1993

D
Dahmen, Stefan: „Maria im Erzbistum Köln", Kehl 2005
Dehio, Georg: „Handbuch der deutschen Kunstdenkmäler, Rheinland-Pfalz, Saarland"; München 1984

E
Euskirchen, Claudia: „Kloster Nonnenwerth", Köln 2000

F
Festausschuss Gemeinde Neustadt Wied: „1229-1929 – 700 Jahre Neustadt-Wied", Neustadt-Wied 1929
Franzen, Werner: „Gottesdienststätten im Wandel; Evangelischer Kirchenbau im Rheinland 1860-1914"; 2 Bde.; Düsseldorf 2004

G
Gaede, Peter-Matthias (Hg): „Deutschland im Mittelalter", GEO-Epoche, das Magazin für Geschichte, Kaiser-Ritter-Hanse, Hamburg 2007
Gensicke, Hellmuth: „Landesgeschichte des Westerwaldes", Wiesbaden 1999
Girnstein, Paul: „Altenwied und sein Umfeld bis 14. Jahrhundert", Asbach 2007
Goerz, Adam: „Mittelrheinische Regesten oder chronologische Zusammenstellung des Quellen-Materials für die Geschichte der Territorien der beiden Regierungsbezirke Coblenz und Trier in kurzen Auszügen, Teil 1 vom Jahre 509 bis 1152", Koblenz 1876
Groten, Manfred; Johanek, Peter; Reininghaus, Wilfried; Wensky, Margret: „Handbuch der Historischen Stätten, Nordrhein-Westfalen", Stuttgart 2006

H
Hardt, Albert: „Im Wiedischen Land", Neuwied 1989
Hardt, Albert: „Im Lande der Neuerburg an der Wied", Neuwied 1988
Hardt, Albert: „Vom Holzbach zur Wied", Neuwied 1992
Heyen, Franz-Josef: „Der Mittelrhein im Mittelalter", Hachenburg 1988
Holdt, Ulrike: „Die Entwicklung des Territoriums Berg"; Geschichtlicher Atlas der Rheinlande; Beiheft V/16, Bonn 2008
Hoppe, Wolfgang: „100 Jahre Klosterkirche St. Josef Hausen an der Wied", Hausen 2006

J
Janssen, Wilhelm: „Die Entwicklung des Territoriums Kurköln: Rheinisches Erzstift"; Geschichtlicher Atlas der Rheinlande; Beiheft V /14-15, Bonn 2008

K
Königs, Karl: „Schwarzrheindorf“, Bonn 1999
Knipping, Richard (Hg.): „Regesten der Erzbischöfe von Köln im Mittelalter für die Zeit von den Anfängen bis 1414“, Bd. 1 und 2, Bonn 1901
Kohlhammer, Katja (Hg.): „Die heilige Landgräfin Elisabeth im Dienst der Armen“ in: Damals, das Magazin für Geschichte und Kultur; Band 7; Leinfelder-Echterdingen 2007
Korte-Böger, Andrea: „Oben auf dem Berg; Die Geschichte des Michaelsberges und der Abtei in Siegburg“, Siegburg 2008
Kramer, Julius: „Kirche und Pfarre St. Laurentius Asbach“; Asbach 1951 Kreisverwaltung Neuwied (Hg.): „Heimatbücher der Jahrgänge 1925 bis 2010, Unterbrechung von 1944-1949, Neuwied
Krüger, Hans-Jürgen: „Das Fürstliche Haus Wied, Grafen zu Isenburg, Herren zu Runkel und Neuerburg; Werl 2005

L
Lind, Elli: „Die Freiherren von Rennenberg“, Köln 1968
Lind, Elli: „Geschichtschronik von Vettelschoß und seinen Ortsteilen“, Rheinbreitbach 1987
Löhr, Hermann-Joseph: „Facetten evangelischer Kirchengeschichte in Waldbreitbach 1844- 2009“, Waldbreitbach 2009
Löhr, Hermann-Joseph: „Geheimnisvolle Burgen links und rechts des unteren Mittelrheins, vom Drachenfels bis Engers“, Asbach 2008
Löhr, Hermann-Joseph: „Ein Stück Himmel aus Stein“ – historische Pilgerstätten, Kapellen und Pfarrkirchen in unserer Heimat zwischen Rheintal, Sieg und Wied, Asbach 2009

M
Meinhardt, Albert: „1653-1953 - 300 Jahre Neuwied“, Neuwied 1953

N
Nesselrode, Gräfin Leonie von: „Die Chorfenster von Ehrenstein“, Köln 2008
Neu, Heinrich/Weigert Hans: „Die Kunstdenkmäler des Kreises Neuwied“, Düsseldorf 1940

O
Ortsgemeinde Asbach (Hg): „Asbach Westerwald“, Asbach 1990
Ortsgemeinde Neustadt/Wied (Hg): „Neustadt (Wied), Heimat im Wandel der Jahrhunderte“, Siegburg 1985
Ortsgemeinde Ockenfels (Hrsg.).: „Chronik Ockenfels“, Rheinbach 2007
Ortsgemeinde Roßbach (Hrsg.): „Roßbach, ein Blick zurück“, Horb am Neckar 2007

P
Pasch van de, A.: „Ehrenstein“, Köln 1960
Pfarramt St. Georg Hammerstein: „Hammerstein einst und jetzt“, Andernach 1983
Pfarrgemeinde Ehrenstein: „Ehrenstein 1477-1977“, Asbach 1977
Pfarrgemeinde St. Adelheid: „100 Jahre Pützchen 1906- 200“; Bonn 2006
Pfarramt St. Adelheid: „Wallfahrt zu Ehren der Heiligen Adelheid“, Bonn 2004
Piesik, Heinz: „Vita Adelheidis – das Leben der hl. Adelheid von Vilich“; Bonn 2003
Polzin, Angelika: „Rheinische Kunststätten – Die Pfarrkirche St. Servatius in Siegburg“, Heft 363, Köln 1991
Preißing, Heinz: „Spuren alter Geschichte – Archäologie im Kreis Neuwied“, Horb am Neckar 1985

R
Renard, Edmund: „Die Kunstdenkmäler des Siegkreises“, Die Kunstdenkmäler der Rheinprovinz Bd. V“, Düsseldorf 1907
Reufels, Matthias: „Neustadt“, Asbach 1908
Rheinischer Verein für Denkmalpflege und Heimatschutz (Hg.): „Linz“, Bonn 1940

R
Rings, Anton: „Lorenz, Totnan Seehuber“, Linz 1991
Rings, Anton; Willscheid, Robert: „Dattenberg, ein Heimatbuch“, Köln 1991
Rings, Anton; Rings, Anita: „Ein Stadtbild im Wandel“, Hachenburg 1993
Rings, Anton; Rings, Anita: „Häuser und Menschen in Linz“, Rheinbreitbach 2002
Rooijen, Henri van: „Liebfrauenthal zu Ehrenstein“, Siegburg 1979

S
Schaefer, Hansfried: „Broele Trans Rhenum, Rheinbrohl im Wandel der Zeit“, Neuwied 1972
Schaefer, Hansfried: „Die Gertrudenkirche“, Rheinbrohl 2007
Schäfer, Josef: „Geschichte des Asbacher Landes“, Asbach 1980
Schmitz, Adalbert N.: „Rund um den Hummelsberg“, Bad Driburg o. J. (1980)
Schug, Peter: „Dekanat Engers“, Neuwied 1950
Schunicht-Rawe, Anne; Pauly, Stephan: „St. Peter in Sinzig“, Köln 2004
Stadt Dierdorf (Hg.): „Dierdorf, ziemlich weit vorn im Westerwald, 650 Jahre Stadt“, Rengsdorf 2007
Strauß, Heiner: „St. Katharinen, ein Fest- und Heimatbuch“, Asbach 2001
Strauß, Heiner; Rings, Karl Josef: „750 Jahre St. Katharinen (1238-1988)“, Waldbreitbach 1988

T
Tack, Eduard: „Zur Geschichte der kath. Pfarrkirche St. Walburgis Leubsdorf am Rhein“, Leubsdorf 2008
Trimborn, Wilhelm: „Marienkapelle und Pfarrkirche St. Mariä Heimsuchung“; Rhöndorf 2007
Tullius, Wilhelm: „Die wechselvolle Geschichte des Hauses Wied“, Neuwied 2003

V
Verkehrsverein Waldbreitbach (Hg.): „Waldbreitbach, 10 Jahrzehnte“, Waldbreitbach 1992
Voigtländer, Dorothea: „Geschichte und Geschichten vom Rhein“, Bad Honnef 1990

W
Weiler, Jakob: Weiler, Jakob: „Johannes Antonius Stratmann aus dem Flecken Hüningen“, Bad Hönningen 2006
Weiler, Jakob: „Bad Hönningen, Chronik einer jungen Stadt 1019- 1969“, Koblenz 1969
Wiegard, Fritz (Hg.): „Unsere Heimat im Wandel“, Hefte I-III, Neuwied 1965
Woelki, Paul: „Wallfahrt zum heiligen Judas Thaddäus Heisterbacherrott“, Bonn o. J.

Z
Zeimet, Johannes: „Die Cistercienserinnenabtei St. Katharinen bei Linz am Rhein“, Augsburg 1929

Im gleichen Verlag erschienen:

Ein Stück Himmel aus Stein – Band I
Die 32 schönsten historischen Wallfahrtsstätten zwischen Sieg, Wied und dem unteren Mittelrhein.

Band I erzählt von über 30 der schönsten Wallfahrtskirchen zwischen Bödingen (Hennef), der ältesten deutschen Marienwallfahrtsstätte, von Pützchens Markt bis hin nach Almersbach und Isenburg.

Hermann-Joseph Löhr
ISBN 978-3-9813291-0-0
14,80 EUR

Verlag Media World GmbH, Asbach